Un vago, dos vagos, tres vagos

El Gran Wyoming

Un vago, dos vagos, tres vagos

CÍRCULO de LECTORES

ÍNDICE

AVISO AL LECTOR

Éste no es manual para aprender a vivir sin trabajar, panacea que no ha conseguido ni el propio autor. Es una guía para aprender a entender a nuestros semejantes y aumentar el nivel de tolerancia con las culturas que no comprendemos. Además, las soluciones, como las gafas, son exclusivas de cada uno. El lector podrá en todo caso disfrutar con el libro, difícilmente con lo que extraiga de éste.

A Marisa, cuyo ejemplo inspiró la filosofía del libro.

No soy un vago, mi mente no descansa.

UNAMUNO

PREFACIO

El Gran Wyoming: un autor plural

Hace meses el Gran Wyoming me pidió que le hiciera un par de gestiones en el ministerio de Justicia. Cuando llegué a su casa, una vez realizados los encargos, noté algo extraño en el ambiente, como un murmullo. Una bella joven me abrió la puerta y entonces identifiqué el ruido de fondo: máquinas de escribir. En el salón, un grupo de chicas tecleaban rabiosas como si les fuera la vida en ello. Apenas notaron mi presencia. Una de ellas me indicó que Wyoming se encontraba en el dormitorio.

Sobre un lecho aún más grande que el que yo recordaba, yacía semiinconsciente el Gran Wyoming. Devorado por la curiosidad le interrogué por el significado de aquella especie de oficina.

–Estoy escribiendo un libro –me contestó.

–¿Estoy? Yo diría que lo están escribiendo ellas –repliqué.

–Yo pongo la firma y el motivo. Soy como la fuente para el hortelano, como la naturaleza para el paisajista, un modelo, una referencia sobre la que se construye la historia –añadió.

–Pero lo que el público va a leer es la obra de estas muchachas, no la tuya –interpelé.

–No me importa, no pretendo acaparar la gloria, sólo los derechos de autor y ésta es la razón por la que firmo el libro. No soy tan vanidoso como para cargar sobre mis espaldas el peso del trabajo que supone escribir semejante tratado. No me importa compartir mis obligaciones y, en cualquier caso, ya que la obra es singular, dejemos que el autor sea plural –culminó.

Y dándose la vuelta, decidió que le tocaba dormir a la otra parte del cuerpo, pues sostenía la teoría de los hemisueños, según la cual el cuerpo descansaba primero de un lado y luego del otro.

Viendo que ya no tenía nada que hacer allí, opté por retirarme.

De nuevo atravesé el salón entre el incesante teclear de aquellas muchachas que volvieron a castigarme con su indiferencia. Ninguna notó mi paso. Ninguna levantó la mirada. No me hubiera importado en absoluto, pues, a decir verdad, no eran de las peores.

CARLOS MEDINA SUÁREZ

Carlos Medina Suárez es:
Director General de Construcciones Medina
Consejero del Banco Atlántico
Viceministro de Economía
Capitán General de la 18 Región Militar
Obispo de Toledo y
«chófer del Gran Wyoming»

INTRODUCCIÓN

¿Por qué es importante este libro?

En primer lugar, quisiera darte la bienvenida, querido lector, porque el hecho de que te hayas aproximado a las páginas de este libro, bien cautivado por lo que se cuenta en la contraportada o bien por recomendación de algún amigo (conserva ese tipo de amistades), demuestra que posees una inteligencia de la que no todo el mundo puede hacer gala.

La importancia de este libro reside en que, por primera vez, se va a rendir homenaje a unas personas que han sido injustamente definidas, tratadas, consideradas, calumniadas, vilipendiadas y un largo etcétera, por el simple hecho de entender la existencia como un estadio espiritual irrenunciable, como un equilibrio sistémico que no se entrega por un plato de lentejas o un simple golpe en la espalda. Nos estamos refiriendo a LOS VAGOS.

Si el lector pertenece a esta clase privilegiada, enhorabuena. Si, por el contrario, forma parte de eso que se ha dado en llamar «mayoría natural» (que es precisamente lo contrario: un producto de la doma que el sistema inflige a los hombres desde el momento en que alcanzan el nivel de bipedestación y se transforman en productores en potencia), si, como decíamos, el lector pertenece a esa mayoría artificial, se habrá sorprendido al ver en qué términos nos referimos a los vagos, porque no podrá quitarse de la cabeza el sentido peyorativo que tiene esta palabra para los no iniciados.

Si cuando usted termine de leer este libro reconsidera su opinión y se reconcilia con esa clase a la que aludimos y que es objeto de este «trabajo», demostrará tener una personalidad veleidosa, pero, al mismo tiempo, me dará la gran satisfacción de sentir en mis propias carnes que, en efecto, formo parte del poder en tanto soy capaz de manipular la mente de las personas físicas.

No espere el lector un punto de vista objetivo puesto que la intención del autor, según se ha explicado, no es sólo informativa sino, por encima de todo, reivindicativa.

Plenamente consciente de que me adentro en un terreno peligroso en el que la incomprensión es una enemiga contra la que tendré que pelear, acepto la responsabilidad histórica de llevar adelante esta lucha, en pleno uso de mis facultades (sabiendo que traiciono de forma flagrante los principios a los que rinde honores este libro), en la ciudad de Madrid, a principios de agosto de 1989, que ha de pasar a la historia como uno de los meses más calurosos que se recuerdan.

Cómo vivir sin este libro

Querido ciudadano, aunque le parezca mentira, tiene entre sus manos una ocasión única de cultivarse en un campo que hasta ahora no existía. Es usted muy libre de cerrar este libro y utilizarlo como mero objeto decorativo, pero se estará engañando a usted mismo, y engañará también al librero que le vendió el ejemplar, a su compañero, compañera, cónyuge, o lo que quiera que se haya llevado a vivir con usted y, lo que es más importante, estará cerrando la puerta de su corazón a un estadio del conocimiento que, sin duda, le hará comprender a sus semejantes, el mundo que le rodea, e incluso, lenguas que desconocía por completo. Asimismo es posible que al leer estas páginas salga de entre sus asadurillas ese superhombre que algunos llevamos dentro y que no nos atrevemos a mostrar a los demás, simplemente porque no nos gusta destacar. Esa bestia que reside invisible bajo nuestro aspecto silencioso e inofensivo. Tranquilo, llegará el tiempo de salir al exterior para entrar en letargo, habrá un tiempo también para usted...

No señor, usted no puede vivir de espaldas a este libro porque todo lo que encierra no es más que verdad, pero no una verdad a medias tintas, sino una verdad impresa con los más sofisticados métodos de *off-set*. En una palabra: ES LA VERDAD.

Cómo pretende, querido lector, vivir sin este libro. Cómo pretende vivir de espaldas a la verdad. Se puede, es cierto, vivir sin este libro, pero siendo un ignorante, un necio, un salvaje, un bárbaro y un desaprensivo. Elija el camino que desea seguir a partir de este momento, pero sea consciente de que si abandona esta lectura, la regresión a la que someterá su vida le llevará hacia abismos insondables donde las tinieblas anidarán en los tuétanos de su osamenta. Yo creo que estaremos de acuerdo en que ya hemos visto suficientes razones para que este libro nos resulte imprescindible. Ya hemos visto la cantidad de propiedades y virtudes edificantes que conlleva su lectura, y también estaremos de acuerdo en que el precio es de risa. Si coincidimos en todos estos puntos, dése una carrera hasta su librero favorito y compre varios ejemplares más, pues este libro, a diferencia de los otros que tiene en su casa, se rige por la propiedad su-

POTOC!
CROC POC POC
POTOCROC CROC
PSSST!

matoria del concepto, es decir, su contenido es tanto más efectivo cuanto mayor es el número de volúmenes que se poseen. Además, podrá comparar la diferencia de impresión de unas ediciones a otras; en su biblioteca quedarán muy bonitos todos los lomos del mismo color, y no le quepa la menor duda de que es un regalo sorprendente que crea adicción y que dentro de muy poco tiempo se distinguirán dos períodos en la historia de la humanidad: el Anterior y el Posterior a la escritura de este libro. Yo le garantizo que de aquí a unos meses no podrá participar en ninguna tertulia de barra si no se inicia cuanto antes en el mundo que se abre ante sus ojos.

Concluimos el apartado afirmando que es absolutamente imposible vivir sin este libro. En todo caso, se puede intentar sobrevivir sin él. Allá usted.

Cómo enamorarse de este libro

Está claro que sólo respetamos aquello que queremos; por esta razón, el autor intenta que usted se enamore de este libro, ya que perderá el sentido crítico y beberá de estas páginas como lo hacía el caballo del conde Olinos a la orillita del mar.

El método para enamorarse del libro es muy sencillo. Regrese al nivel de percepción de la infancia y créase todo lo que yo le cuente. Cuando lleve unas pocas páginas leídas besará esta letra impresa como si de su más preciado bien se tratara, y me atrevo a decirle que no andará muy descaminado en su apreciación.

P. D. No se preocupe por el deterioro que pueda sufrir el libro ante sus envites amorosos, ya que si se fija, las cubiertas vienen perfectamente plastificadas y tiene un tratamiento impermeable, que le permitirá entregarse a ellas con el rigor y la pasión que la ocasión merece.

Cómo enamorarse del autor

Es también intención del autor llegar a ser un mito, para intentar parasitar a sus lectores indefinidamente.

Si ha seguido mi consejo y en este momento usted da profundos y prolongados besos a la cubierta del libro, e incluso se ha atrevido a proceder de la misma forma con el interior del mismo, debe tener en cuenta que lo que besa y adora no es otra cosa que el espíritu del autor. Consciente o inconscientemente, a mí tanto me da, usted ha pretendido una aproximación carnal hacia mi persona a través del vehículo de expresión que es esta magnífica guía. Sólo me resta corresponder a estas simpáticas muestras de afecto con el gesto de amor que estoy realizando en estos momentos. Es una pena que no exista la literatura en cuatro dimensiones, porque ha sido un gesto realmente excitante. Imagínese el lector el ademán que más le apetezca o el que más le ponga, sin que sirva de precedente, ya que a partir de este momento no deberá interpretar nada de lo que lea. Todo está muy claro, muy bien explicado y además se tratan conceptos que no pueden dejarse a la libre interpretación del primer cerebro que los absorba.

Para enamorarse de mí, querido lector, persígame,

siga de cerca mi carrera, dé la cara por mí en todas la tertulias en las que se pretenda mancillar mi buen nombre, descalifique al resto de los autores de nuestro siglo, hágase cargo de mis deudas, adopte a mis hijos, en una palabra: ENTRÉGUESE. Si coincidimos en algún acto social, hágame inmediatamente proposiciones deshonestas si es usted mujer o admire mi refinado estilo y mi peculiar visión de la vida si es usted hombre.

Para enamorarse de mí, bastaría con tenerme frente a usted unos segundos y que me mirara firmemente a los ojos, pero como eso no siempre es posible, se tendrá que valer del texto que tiene entre sus manos y hacer de él un nuevo catecismo en el que la figura sublime a la que debemos dedicar todos nuestros pensamientos soy yo. No quiero insistir en este sentido porque supongo la inteligencia de mis lectores y me consta que han entendido perfectamente que están ante una ocasión única.

MI CAUSA ES LA VUESTRA: MILITAD.

Una traición por amor al prójimo

El vago es absolutamente fiel a sus principios. Nada ni nadie puede quebrantar su solidez moral. La única arma que puede hacerle cometer una traición es el amor.

Muy pocos valorarán, en su justa medida, el esfuerzo que ha supuesto para el autor la autodisciplina a la que ha tenido que someter su existencia para que estas líneas dejaran de ser planteamientos teóricos en un cerebro desordenado y se transformaran en dogma de una especie humana que no conoce razas, religiones, nacionalismos, ni nada de nada. Sólo conoce el respeto a la vida, y la admiración y la condescendencia para los que no han sabido encontrar el camino de la salvación y sobrenadan en el magma de la realización a través del trabajo.

Sí, querido lector. Sí, compañero. Os he traicionado, pero juro que lo he hecho por amor. Lo he hecho para lavar esta mancha que ya duraba demasiado y para que, de una vez por todas, el sentido trágico de la existencia deje de ser la única forma moral posible.

Hay un mundo al otro lado del jardín repleto de hombres y mujeres justos que encuentran en la contemplación, en la holganza, en la diversión y en la admiración por el milagro de la vida, la única forma coherente de realización personal, transformándose así en el universo complementario de los que sienten la pulsión del trabajo como única fuente de vida.

Nunca más seremos la referencia negativa. A partir de este momento, reclamamos el puesto que nos corresponde en una escala de valores científica y moderna. Abajo las caretas. Viva el siglo veintiuno.

Espero que sepáis comprender las razones que me impulsaron a cometer este acto de felonía contra mi voluntad, pero pensad que sólo soy el recopilador de una herencia cultural que me ha tocado contar, sabiendo que con ello cometo mi suicidio social y arruino mi reputación. El amor ha vuelto a triunfar.

¿Qué pretende este libro?

Al margen de las consideraciones teóricas, morales y culturales que me han movido a escribir este libro, existe una razón que responde perfectamente a las características del gremio que estamos estudiando y al que pertenece el autor: EL DINERO. No podemos ignorar que una de las causas que ha estimulado la materia gris de mi cerebro ha sido el tintinear de monedas, que sustituía el grave chasquido de la máquina de escribir. Qué preciosa melodía la de las monedas cayendo unas sobre otras en un tono cada vez más brillante. Qué sublime estímulo en las largas jornadas de trabajo en las que, con la piel erizada, me asaltaba el presentimiento de que el paso que estaba dando era irreversible y que terminaría mis días trabajando.

Ya pasó lo peor. La pretensión de enriquecerme hasta límites imprevisibles guió el camino de este joven creador que considera su vida laboral zanjada, y no aspira sino a una justa pensión que le permita seguir especulando con las abstracciones que le asaltan en sus múltiples períodos de reflexión.

Sintetizando, la función primordial que debe cumplir este libro es la de retirarme del medio laboral, como hacían antiguamente los industriales con las coristas. Usted es fundamental en este proceso. Su débil pero imprescindible aportación dará sentido a esta obra y, con ella, a la literatura universal de la que, nos guste o no, ya forma parte.

Si a usted le parece que no es una razón suficiente, busque alguna otra, que yo sabré respetar sus argumentos. Sinceramente, no está uno para andar buscando razones más allá de las evidentes.

¿A quién está dirigido?

Este libro está dirigido fundamentalmente a todas aquellas personas que, deseosas de comprender el mundo que les rodea, se entregan al noble arte de poner su entendimiento en manos de los que dominan lagunas, espacios muertos, agujeros negros y otras deficiencias del saber, para que rellenen su banco de datos cerebral con estos sencillos pero sinceros conceptos sobre esta estirpe de seres superiores que constituyen el gremio de los vagos.

También está dirigido a las personas que pillan de una estantería el libro que tienen más a mano, porque es el cumpleaños de algún conocido, y no tienen otra intención que la de cumplir con el rito social del regalo sin que esto le suponga un conflicto. Quiero recordar a mis lectores que los libros no están hechos para ser leídos sino para ser vendidos. Usted pagará la misma cantidad de dinero si lo adquiere como objeto ornamental, que si lo lee cien veces. Esto último es improbable en tanto que el contenido del libro le apartará de emprender semejante tarea por el esfuerzo que requiere. Además, el lector entraría en un círculo vicioso del que no podría salir, pues una persona que ha leído cien veces el libro demuestra no haberse enterado del mensaje que transmiten estas páginas y, por tanto, deberá leerlo una vez más. El autor calcula que tras la quinta o sexta lectura, el consumidor adquiere un nivel de inteligencia suficiente como para pensar en los términos que plantea esta guía.

No se descarta el caso de las personas que consideran la lectura un esfuerzo intelectual de tal magnitud que debería ser remunerado. Para ellos también está escrito este libro. Es un homenaje a su talante y deberán tenerlo en casa, si no como objeto de lectura, al menos como instrumento de apoyo logístico.

¿Qué es el trabajo?

Al parecer, Dios hizo al hombre a su imagen y semejanza. Tanto fue así, que el hombre enseguida se planteó vivir como Dios, y esto ofendió al Supremo Creador hasta el punto que sometió a nuestra especie a un castigo que arrastra hasta nuestros días. La tendencia natural del hombre es recuperar aquel estado de aproximación al Ser Supremo. La actitud del vago no sería, en tal caso, una renuncia insolidaria a participar del proyecto social, sino un estado místico, un grado superior de vivencia espiritual.

Pero Él nos mandó trabajar. Ganar el pan con el sudor de nuestra frente. Él mismo trabajó en la construcción del cosmos implantando la jornada laboral de seis días, se dirán muchos de ustedes, los más creyentes... sí, pero vamos a analizar en profundidad estos puntos.

En primer lugar, hay que tener en cuenta que no podemos fiarnos de las transcripciones, copistas, traductores, etc., que han hecho posible que la *Biblia* llegue hasta nosotros.

En segundo lugar, debemos entender que Dios estaba profundamente cabreado por la actitud de chulería con la que se habían descolgado nuestros primeros padres, y en plena bronca soltó lo primero que le vino a la cabeza. Además, la penitencia del trabajo fue una condena para el género humano. Se trata de un trabajo en equipo que se cumple todos los días y con un rigor impensable; si no en todas y cada una de las personas, como colectivo. El hombre, considerado como género, trabaja.

Por último, existe una pequeña trampa histórica con la que se ha desvirtuado el sentido de la semana. Cuando decía al principio de estos párrafos que había que leer despacio las Escrituras, tenía razón. Todo el mundo sabe que Dios empleó seis días en la construcción del universo y el séptimo descansó, con lo que según algunos, inventó el domingo. Pero no fue exactamente así. Dios empleó seis días en la construcción del cosmos y descansó «a partir» del séptimo, y no sólo el séptimo como pretenden hacernos creer. Se encontraría exhausto o, simplemente, a partir del sexto día llegó a la conclusión a la que yo llegué hace mucho tiempo, y dejó el afán laboral en manos de los hombres. Para aquellas mentes escrupulosas o para los que pertenecen a determinadas sectas religiosas que basan su existencia en el trabajo, afirmo desde estas líneas que no se puede ofender a Dios por intentar seguir su ejemplo.

Una vez descartado el sentido divino de la actividad laboral, debemos definir el trabajo como un esfuerzo para conseguir ingresos que nos permitan vivir o, por lo menos, seguir con vida en este mundo. Queda claro que, se mire como se mire, el trabajo siempre es una maldición; sea por castigo divino o porque es la única arma contra la inanición, pero jamás es producto de la voluntad del hombre libre. Qué lleva al hombre a elegir el trabajo como vía de realización es también objeto de análisis de este ensayo, como veremos a continuación.

El trabajo como vía de realización personal

Hemos visto cómo el trabajo es una actividad que evita que nos quedemos como la mojama por falta de ingestión, pero esto nos llevaría a pensar que una vez solucionadas nuestras necesidades gastronómicas, todos dejaríamos el trabajo a un lado para entregarnos a nuestros placeres favoritos, y no es así.

El hombre está compuesto de dos partes fundamentales: el cuerpo humano y el sistema nervioso central.

El primero sirve para desplazar al segundo, que es, en realidad, el que da personalidad a la entidad física. El cerebro es el ingeniero del cuerpo humano. Pero el cerebro, en tanto que ingeniero, necesita una preparación, unos conocimientos, una especialización, una información, etc., que se van acumulando en su banco de datos. Este sistema es manipulable. Las respuestas cerebrales son producto de los datos que previamente hemos ido introduciendo. Como las respuestas siempre siguen la misma vía, al repetir muchas veces un estímulo, se nos crea un surco o reflejo condicionado, del que no podemos prescindir. El trabajo constituye una de estas vías, y así, como la aceptación del trabajo es un proceso muy complicado (a veces dura años) durante el cual el individuo se autoconvence de que está haciendo lo que debe y que no existe otra alternativa, llega un momento en el que el hombre no puede vivir sin trabajar, porque necesita ese estímulo para descargar la energía acumulada en el cuerpo. La consecuencia de todo esto es que llega un momento en que nos encontramos con personas que sólo son felices cuando trabajan. El síndrome del jubilado, por el cual los mayores se aferran a sus puestos de trabajo y no quieren abandonarlos a pesar de cobrar sin tener que hacer nada, es un buen ejemplo de lo que digo. En otros casos, se enmascara el drama convirtiendo el ocio en otro puesto de trabajo, que puede consistir en edificar una casa los fines de semana, cavar en una huerta, practicar deportes violentos como fútbol, tenis, pesca, etcétera.

El caso de los vagos está al margen de lo que hemos visto en este apartado. Disponen, por supuesto, de cuerpo y cerebro como los demás, pero al no realizar un esfuerzo repetido durante mucho tiempo, porque su metabolismo no se lo permite, no crean esos surcos cerebrales producidos por la actividad laboral reiterada, y no llegan a realizarse jamás en la ejecución de un trabajo. Sin embargo, el vago es sensible y, por tanto, capaz de admirar el mérito de una obra bien hecha.

Resumiendo, podemos decir que la realización del hombre a través del trabajo tiene un doble sentido. En primer lugar, obtener el aporte calórico imprescindible, y en segundo lugar, liberar al cuerpo de tensiones que nos conducirían irremediablemente a la locura.

La salud psíquica de los vagos es impresionante e inalterable, y no necesitan de estos resortes para sobrevivir. Por esto contemplan con estupefacción a sus semejantes en un gesto que es interpretado como pedante, pero que no es sino sorpresa y, a veces, admiración.

CIUDADANO NORMAL APROVECHANDO SU FIN DE SEMANA PARA DESCANSAR

Cómo leer este libro

> POR RESPETO A LO QUE ESTE LIBRO REPRESENTA, DEBE LEERSE TUMBADO

Hay que tener a mano todo lo necesario, para no andar de un lado a otro perdiendo el grado de concentración que requiere asimilar conceptos tan complejos.

Si en algún momento se encuentra abrumado por la cantidad de información que recibe, deténgase. Tómese un descanso antes de continuar. Cambie de posición de vez en cuando, y no olvide que aunque el vago debe ser una persona con una sólida formación humana y cultural, la vida es muy larga y la prisa sólo sirve para acortarla: APRENDA A DOMINAR LOS ESTADOS DE ÁNIMO QUE CONDUCEN A LA PRECIPITACIÓN Y AL APRESURAMIENTO. Como norma, podemos decir que todo aquello que deba ser realizado con prisa no merece la pena. La precipitación sólo conduce al embrutecimiento y, en definitiva, a la autodescalificación. No debemos olvidar que, por encima de todo, somos personas humanas.

Evite en lo posible las agujetas cerebrales. Cada tres o cuatro páginas cierre los ojos y el libro al mismo tiempo, y practique movimientos de rotación de la cabeza sobre su eje cervical. Estos movimientos, además de evitar anquilosamientos vertebrales, ayudan a que los conceptos se muevan por el interior del cerebro y se ubiquen en el lugar que les corresponde por el llamado «EFECTO COCTELERA».

Las agujetas cerebrales se producen por el movimiento de los conceptos en su recorrido hacia el banco de datos. Las neuronas los van transportando, y este esfuer-

COMO LEER ESTE LIBRO

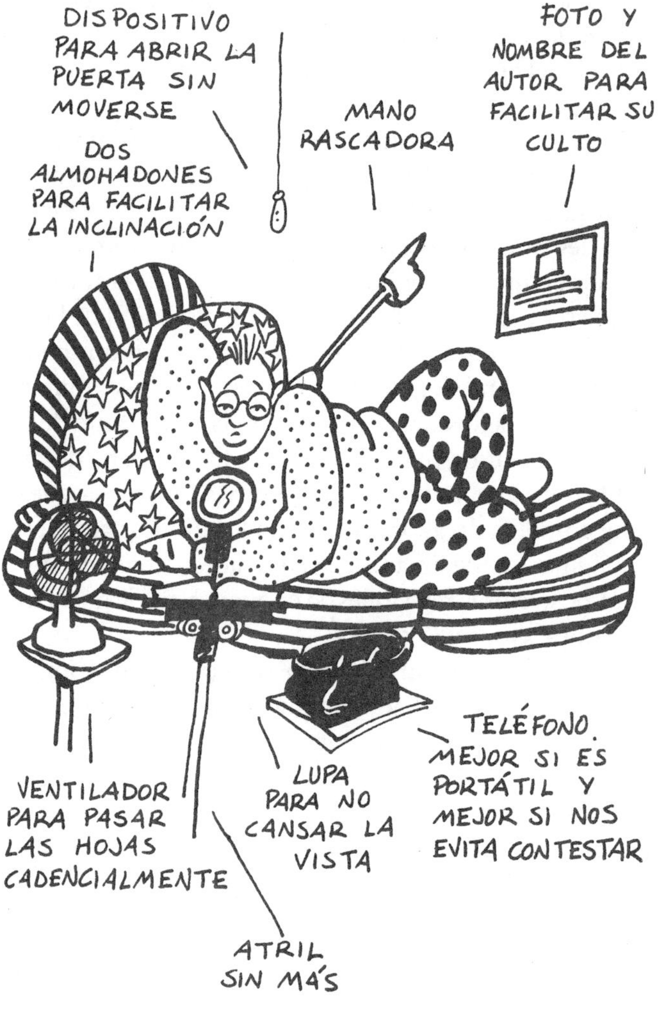

zo se paga con una sensación de densidad cerebral parecida a la de la resaca y que en no pocos casos suele derivar en jaqueca.

Lea siempre el nombre del autor antes de empezar la sesión de lectura. El respeto y la devoción al autor son la base del entendimiento y de la entrega por parte del receptor.

Para los que se asustan al ver tantas letras juntas, y no encuentran una razón que justifique una empresa tan laboriosa como es la lectura de tan impresionante volumen, les recordamos, con mucho respeto y admiración, que en el interior del libro hay una sección gráfica que puede ser contemplada sin otro esfuerzo que el de la impresión de la retina. Son muchas las personas que consideran «los santos», que es como llaman a los dibujos y fotografías de los libros, la parte más interesante de los mismos. El autor, previendo esta posibilidad, ha dotado al libro de una amplia sección gráfica. Si piensa que es muy complicado andar buscando los dibujos entre tanta página, puede arrancar las que no contengan santos para posteriores revisiones, si es que a usted le gusta leer una obra varias veces.

Tanto el papel como la tinta empleados en la impresión han sido estudiados minuciosamente para conseguir el mínimo peso y evitar esguinces, elongaciones musculares y deformaciones óseas a nivel de la mano por la sujeción de la obra durante la lectura. No obstante, el autor considera muy útil ayudarse con un atril, para que se haga cargo de la fuerza de la gravedad, de la que el lector no debe sentirse responsable[1].

1. Como todo el mundo debería saber, la fuerza con la que el planeta atrae los cuerpos fue descubierta por Newton, un día que se

Si considera que el libro es demasiado grueso, pero le interesa el tema, puede empezarlo por el medio o pasar las hojas de dos en dos, con lo que llegará al final con la mitad de esfuerzo. El autor ha tenido en cuenta todos estos problemas, e incluso pasando las hojas de cinco en cinco, cualquier persona con una inteligencia superior a la libélula, podría extraer sabios consejos y conclusiones.

Una recomendación del autor es que, lea o no el libro, hay que recomendarlo a las amistades aunque sólo sea por las virtudes que se han descrito hasta el momento. En cualquier caso, si no le gusta en absoluto, recomiéndelo a sus enemistades.

---

encontraba TUMBADO debajo de un manzano, al ser agredido por uno de sus impertinentes frutos, en un atentado más del medio hacia las personas que se limitan a abstraerse y entregarse a pensamientos superiores.

GENERALIDADES

¿Qué es un vago?

Estamos entrando en materia, y no podemos dejar pasar más tiempo sin definir los conceptos que queremos abordar. Al principio del libro, ya advertía el autor que no pretendía ser objetivo, puesto que éste es un tratado de réplica para salvar la imagen, durante tantos años mancillada, de los vagos. A pesar de todo y para demostrar la nobleza que caracteriza a la gente de mi estirpe, voy a dar, además de la mía, otra definición del vago: la del sistema, a través de su órgano de representación gramatical, que es la Real Academia de la Lengua Española.

Dice la definición oficial que un vago es una persona inclinada a la ociosidad, reacia al trabajo. Hasta aquí estamos de acuerdo, pero comoquiera que todo lo que nos rodea debe ir impregnado de la moralidad del que define, además, al vago le hacen sinónimo de una serie de términos que ya tienen un sentido peyorativo y descalificador, como inútil, vacío...; e incluso otros apelativos más graves que llegan a situarle al margen de la ley, como rufián, golfo, etc.

Como comprenderá el lector, esto es una forma de trivializar las cosas que las personas con un poco de juicio no podemos consentir. No pondría la mano en el fuego por afirmar que entre los vagos no hay personas inútiles, pero eso también podría decirse de los que tienen una especial inclinación al trabajo. Es más, precisamente, todos los inútiles que además tienen inculcado el vicio del trabajo son culpables de muchas desgracias, desastres ecológicos, accidentes, etc., de los que en ningún caso se puede culpar al vago porque él se cuidará mucho de tomar decisiones de responsabilidad. El vago siente tal respeto por sus semejantes que a veces se muestra un tanto inseguro a la hora de abordar cuestiones que impliquen riesgo para los demás, pero esto no quiere decir que sea un inútil. Me atrevería a afirmar que los vagos están mucho más capacitados para realizar cualquier cometido importante que las personas que se pasan la vida ejerciendo una profesión, simplemente porque conocen mejor el mundo en el que viven al ser dueños de su tiempo. Otra cosa muy distinta es que estén dispuestos a desarrollar sus habilidades. La energía potencial existe aunque no la veamos manifestarse.

En cuanto a lo de «vacío», no sé bien a qué se refiere la definición pero entiendo que es la intención de herir la que prevalece. Los demás insultos no vamos a considerarlos, e ignoraremos este ataque que desde el poder se hace contra los que por tener una constitución determinada o, simplemente, porque su instinto les guía en un sentido distinto al de la mayoría, se limitan a ser ellos mismos.

Nos hemos molestado en buscar posibles antónimos de la palabra vago, como puede ser diligente, trabajador, etc., y hemos observado que el diccionario no toma posiciones a favor ni en contra. Podría extraerse la conclusión de que la ineptitud, la falta de escrúpulos y las fechorías, son patrimonio exclusivo de los vagos. Esta es la estupidez endémica a la que me refería al principio del capítulo que mancilla una y otra vez el buen nombre de tantas y tantas personas honradas, y que justifica la existencia de este libro.

En cuanto a la definición que da el autor, difiere radicalmente de la oficial. Estamos de acuerdo en que se caracterizan por una falta de propensión al trabajo, pero ¿qué importancia tiene esta cualidad? ¿Cuál es la razón que hace suponer que lo más sencillo es ser un vago? Da la impresión de que una persona trabajadora es aquella que ha superado la tentación de la vagancia, y esto es un error.

LA VAGANCIA ES UN ESTADO DEL ALMA. CUALQUIERA NO SIRVE PARA SER UN VAGO, DEL MISMO MODO QUE NO TODOS VALEMOS PARA TRABAJAR

La vagancia es la falta de angustia frente al futuro y frente a la actividad ambiente. El equilibrio psíquico que caracteriza a los vagos es de una solidez que sorprende frente al deterioro mental de la sociedad.

Un vago es una persona que administra su energía en lo que considera imprescindible y no siente la necesidad de competir con sus semejantes ni de demostrar sus aptitudes, pues está seguro de sí mismo por encontrarse en un estadio evolutivo superior al del sujeto «ambiente».

La integración en el medio en que se encuentran estos sujetos, no pasa por el mimetismo dinámico sino por el equilibrio de las vibraciones cósmicas. Un vago, cuando va al campo, no salta como las reses ni retoza como las cabras, sino que enseguida busca una buena sombra debajo de una higuera y con la boca abierta espera paciente que los frutos caigan sobre ella mientras da paso al análisis de las miles de esencias que se juntan en tan pequeño fruto, para crear uno de los momentos de mayor esplendor de los que puede disfrutar el hombre en la soledad de la campiña.

Compárese esta actitud con la del que corre detrás de las liebres y grita embrutecido tirando piedras a todos los animales que tiene a su alcance. Podríamos sintetizar este ejemplo con la rotunda afirmación de que el diligente se identifica más con el reino animal al que, de alguna manera, está próximo; mientras que el vago se acerca más al reino vegetal. Ambos reinos subsisten en la naturaleza en perfecta armonía, y así debería ser en el género humano, pero los hombres han desarrollado un complejo de inferioridad que les obliga a reaccionar contra lo diferente. Aunque una persona disfrute con una actividad determinada, no se encontrará satisfecha hasta que vea a los que le rodean en el mismo o semejante trance, pues sólo así dejará de sentirse un primo.

La consideración de que los vagos son seres privilegiados viene de aceptar que el grado de sufrimiento, estrés, etc. que padecen estos individuos, es infinitamente inferior al de las personas que conviven con ellos, por lo que adquieren un nivel de lozanía y frescura que, enseguida, despierta el odio y la envidia. De hecho, la mayoría de los problemas de los vagos proceden de la bronca constante a la que están sometidos por parte de los que dan en llamarse seres queridos.

En el caso de los progenitores o tutores, la situación se agudiza sobremanera, ya que no ven en un vago un asidero ideal ni un báculo perfecto para la vejez. El futuro se transforma en algo turbio, por lo que los reproches alcanzan una violencia desmesurada. El padre del

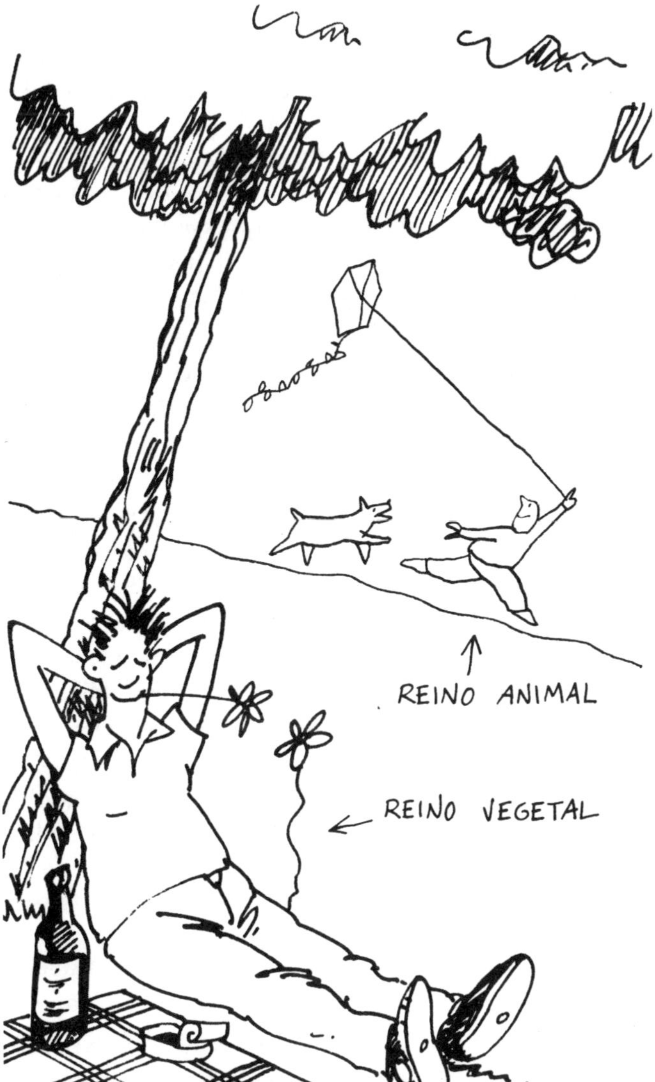
REINO ANIMAL
REINO VEGETAL

vago se pasa la vida echando pestes de su hijo. No comprende que, como padre, debería estar pletórico ya que su retoño tiene muchas más posibilidades de ser feliz que ese hijo de la vecina que estudia para ingeniero y saca tan buenas notas.

Durante siglos, los vagos han sido perseguidos y muy pocos se han beneficiado de su inteligencia, sabiduría y, sobre todo, de esa placidez que se aproxima al éxtasis espiritual que tanto buscan otras personas en la religión. El vago, por estar alejado del discurso prosaico del rendimiento de las personas físicas, se encuentra mucho más cerca del nirvana. En los países del Lejano Oriente, donde encontramos culturas mucho más antiguas que la nuestra o, mejor dicho, la raíz de la nuestra, respetan a los hombres que se dedican a la meditación para alcanzar la felicidad interior y la disgregación molecular. Estos países que disfrutan de un grado de tolerancia mayor que el nuestro, consideran a estos hombres grandes sabios y les dan el mismo trato social, sintiendo por ellos la misma admiración que la que siente nuestro sistema por los levantadores de piedras y los usureros que se peinan con gomina y que son dueños de un imperio.

Algún día, quizá pronto, llegaremos a ese grado de sabiduría y cada uno podrá ser el que es, sin sobresaltos ni violencia.

¿Quién es un vago?

Un vago es una persona que no se siente atraída por los ejercicios violentos y que no está sumida en una pena mora por este hecho.

El vago descubre que los demás hacen las cosas mucho mejor porque están más dispuestos y parece que se cansan menos, pero no se deprime, sino que se alegra de que existan personas con la garra y el empuje suficiente para llevar este esquema social adelante.

La competitividad, esencia del éxito laboral en nuestros días, no anida en el corazón de los vagos. El vago no siente celos de la capacidad laboral de los demás, siente júbilo y euforia cuando ve una entrega incondicional frente a la faena.

En la actualidad, estas cualidades están menos marcadas porque la represión a la que ha estado sometido el vago en los últimos años le ha obligado a perder parte de su pureza, para intentar dar una falsa imagen de preocupación y descontento. De alguna forma, se ha convertido en ciudadano de segunda categoría. De hecho, el vago mejor aceptado es aquel que se disculpa de su privilegio frente a los supuestos triunfadores, que hacen gala de su deterioro del mismo modo que los heridos de guerra muestran sus mutilaciones a los compañeros de intendencia en vez de mostrárselas a sus mandos, que serían, en última instancia, los responsables.

Con frecuencia se confunde al vago con el burgués acomodado, el rentista o incluso con el ingeniero. Aunque muchas personas no trabajan, no todas adquieren la categoría de vagos. Hay personas que ocupan un puesto social que les impide realizar labores manuales que les gustaría hacer. EL VAGO JAMÁS ESTÁ POR LA LABOR.

En el caso de los grandes terratenientes, grandes industriales, etc., existe una preocupación laboral, bien por haberla vivido en propia carne, en el caso de los hombres que se han hecho a sí mismos, o por la posibilidad de poder explotar más y mejor a los empleados, de los que siempre se piensa que no trabajan lo suficiente. El vago no explota a nadie, en todo caso practica una simbiosis que ya estudiaremos más adelante y, por supuesto, jamás pensará que su prójimo no trabaja lo suficiente. Siempre será un admirador del esfuerzo ajeno, por pequeño que éste sea. En una palabra, el vago quiere a sus semejantes. El capitalista no quiere más que a su dinero.

Aunque entre la clase dirigente hay un sinfín de vagos, esta clase odia a los que no sienten afición por el trabajo sin tener una renta escandalosa porque suponen un mal ejemplo. No debemos olvidar que el sistema está basado en el acto de parasitar al prójimo, y si el prójimo no es currante, el juego no funciona.

El vago se enfrenta a su cualidad con la frialdad del que adquiere la incapacidad absoluta para el trabajo o el que queda exento del derecho a vestir el uniforme militar. Se limita a asumir su imposibilidad, pero es consciente de que el esfuerzo físico no lo es todo, sabe que la vida ofrece otras posibilidades y hacia ellas encamina su existencia.

Cómo saber si uno es un vago

En muchos casos, la represión ejercida sobre los vagos ha llegado a ser tan profunda que se han modificado los hábitos y perdido las intenciones espontáneas, en aras de una imagen social mejor considerada. Así, existen muchos vagos latentes que no han podido desarrollar sus cualidades porque primero su familia, luego sus jefes, etc., le han impedido ser él. Son muchas las personas que están interesadas en saber si son realmente vagas o si las tentaciones que sufren entran dentro del campo de la normalidad.

A estas alturas del libro, el lector debe estar del lado del vago y desearía serlo, por lo cual reclama al autor una definición más precisa o un *test* que confirme sus sospechas. Si no es así, vuelva a comenzar la lectura desde el principio hasta que se rinda y decida aceptar las reglas del juego:

1. Exploración anatómica

En primer lugar vamos a hacer una valoración anatómica del vago «tipo».

El ser humano puede clasificarse en tres grupos:

1a) **Leptosómico.**– Que corresponde al modelo delgado, enjuto, y dotado de una gran vitalidad.

1b) **Atlético.**– Es el típico mazas. Los músculos están desarrollados y se marcan por encima de la epidermis. No suelen ser demasiado inteligentes, pero son buenas personas.

1c) **Pícnico.**– Es un individuo robusto, en el que destaca el componente abdominal. Son los típicos gorditos que en los colegios jugaban siempre de porteros. Son buenas personas y dicharacheros.

A continuación, con la menor cantidad de ropa posible, pero sin entrar en trances eróticos que le hagan apartarse de su misión científica, sitúese frente al espejo y decida, sin tirarse faroles, a cuál de estos tres tipos pertenece[1].

Vamos a estudiar cada uno de los casos.

1a) Si usted pertenece al grupo de los leptosómicos debe palparse los brazos para intentar descubrir el grado de consistencia de su masa muscular. Si su cuerpo es una ordenada mezcla de pellejo y huesos, es un síntoma claro de que lleva una vida sedentaria y tiene grandes posibilidades anatómicas de ser un vago. Las extremidades inferiores deben ser del mismo tipo que las superiores, caracterizándose por una extremada delgadez y atonía muscular. Es lo que se conoce por el tipo gallináceo o zancudo.

El pecho debe ser plano o hundido hacia dentro en el varón, mientras que en la mujer admite un sinfín de variaciones todas ellas asombrosas.

Por el contrario, si a pesar de ser usted leptosómico demuestra una constitución férrea, en una palabra, es usted un «tirillas», lo tiene más difícil porque este tipo de constitución delata un hábito activo y físico. Pero no hay por qué desmoralizarse, ya que lo que proporciona el diagnóstico definitivo es la exploración moral.

1b) Si pertenece al grupo de los atléticos, difícilmente será usted un vago, pues tiene una propensión a los saltos y cabriolas que le apartan del sedentarismo característico de esta estirpe. No obstante, y como los atléticos suelen ser individuos muy voluntariosos y con grandes vocaciones, usted puede llegar a ser lo que se proponga.

1c) Si pertenece al grupo de los pícnicos debe indagar

1. El lector astuto no dudará en practicar este reconocimiento en grupo, con las consiguientes derivaciones oportunistas.

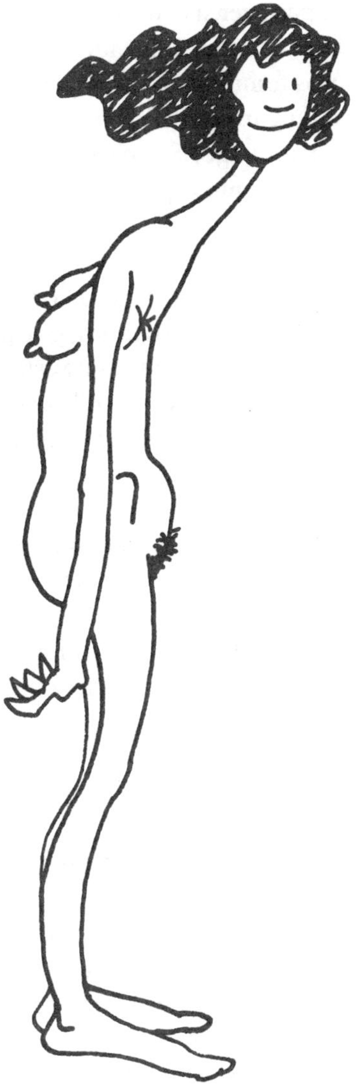

CASO EXTREMO DE PECHO HUNDIDO EN UNA LEPTOSÓMICA.

en su pasado para ver si usted era así de niño o si ha sido su inactividad la que le ha llevado a ese estado. Revise el álbum de fotos familiar y contémplese sin prejuicios.

Si es usted un gordito de hábito, tiene muchas posibilidades de ser un vago. Si por el contrario, lo suyo es metabólico, tendremos que recurrir a la exploración moral.

Zanjemos la exploración física con un poco de prisa y sin entrar demasiado en detalles, porque una exploración seria se escapa a los límites de esta obra, y además el autor es de la opinión de que «el cuerpo es de lo ajeno lo que tenemos más cerca». En muchas ocasiones, el cuerpo es una unidad autónoma que nada tiene que ver con el que la conduce. Sin ir más lejos, el autor, teniendo conciencia y ánimo de guapo, no dispone de un chasis que haga honor a sus ansias de ser deseado por las mujeres que le rodean.

Pasamos a la exploración moral que, como ocurría en el caso anterior, no pretende ser definitiva sino ayudarnos a comprender las claves anímicas que caracterizan a los vagos.

2. Exploración moral

La esencia del vago se reduce a ver cómo pasan delante de sus narices buenas oportunidades laborales, limitándose a sacar el pañuelo y despedirlas como si en una estación marítima se encontrara.

A veces, en casos de vagancia muy agudos, se ha observado una estrepitosa secreción de adrenalina frente a un estímulo laboral inevitable. Este descubrimiento se realizó gracias a un estudio llevado a cabo en la Universidad de California, donde se habían dado la vuelta a las camas de algunos sujetos considerados como vagos. Las víctimas del experimento tenían que retornar sus lechos a la posición original para poder tumbarse en ellos. Se midieron los índices de adrenalina, y en un 90 por ciento de los casos dio como resultado un incremento en los niveles plasmáticos similar al que experimentan los condenados a muerte poco antes de ser ejecutados. El otro 10 por ciento no se inmutó y se fue a dormir a un hotel.

La exploración moral es más compleja que la anatómica en tanto está sujeta a criterios subjetivos como son los ojos con los que uno se mira. En el terreno físico uno se puede engañar a sí mismo sólo hasta cierto punto porque existen aparatos como las básculas, las romanas y los espejos que, por más que nos empeñemos en ignorar la realidad, nos dan una visión precisa de nuestro cuerpo. Sin embargo, no existen aparatos que profundicen en el alma de las personas y nos valemos de determinadas técnicas para explorar el interior de nuestros semejantes. Una de ellas es la cirugía, que no hace muy al caso; y otra, que sí nos interesa, es el *test* de Klaus-Sobatov del que hemos hecho una aproximación para adaptarlo a nuestro país.

Test de Klaus-Sobatov

Consiste en seleccionar entre las distintas opciones que le ofrecen a uno, aquella con la que se encuentra más identificado. Ya sabe el autor que el lector de este libro es una persona muy inteligente, y que necesitaría una centena de alternativas para aproximarse a su original forma de actuar, pero no dé tanta guerra, querido amigo, y no exija a su compadre lo que usted no está dispuesto a hacer. Limítese a identificarse con una de las cuatro soluciones.

1. Si usted viaja en un transporte público, se encuentra muy cansado y ve que queda libre un asiento, ¿qué hace?

a) Me acerco hacia el asiento mirando a un lado y a otro por si hubiera alguien más necesitado que yo y tuviera que cedérselo.
b) Corro hacia el asiento arrasando a los viajeros y gritando: «Mío, mío» para que no me lo quiten.
c) Me acerco hacia el asiento simulando una cojera para ganar al mismo tiempo el asiento y el afecto de los viajeros.
d) Hombre, pues no lo sé. La verdad es que en un momento dado, también depende de lo cansado que esté...

2. Si ve que el desorden se acumula a su alrededor, ¿cómo reacciona?

a) Cuando me doy cuenta de que hay desorden es porque es excesivo y procuro solucionarlo.
b) La gente es muy guarra y te lo revuelve todo. Lo que hago es que cuando voy a casa de otros desparramo a tope para que aprendan.
c) Celebro una pequeña reunión o debate, y al final ruego un acto de limpieza colectivo. Siempre procuro invitar a personas que pretendan instruirse

rápidamente para fortalecer su personalidad, y que no saben cómo agradecerme el detalle. Yo les oriento, les sugiero...

d) A veces, el desorden parece que es desorden, pero no es desorden porque lo que pasa es que, en realidad, tienes muchas cosas alrededor ya que, a lo mejor, las necesitas.

3. Si un amigo le telefonea porque se cambia de piso y necesita ayuda, ¿qué contesta?

a) La verdad es que no me viene nada bien. ¿Es mucho?... Bueeeno, voy para allá.

b) Pero, ¿qué dices? Cuando yo me mudé era distinto porque tú y yo teníamos más confianza y era lógico que me echaras una mano, pero de eso hace ya una semana... Que no, que no, que pases de mí.

c) Pobre, con lo que es eso. Fíjate que además, ese es el tipo de cosas que me apetece hacer; pero ya sabes lo que me ha dicho el médico de lo de la hernia discal... Ah, ¿que no lo sabías?... Pues nada, que no puedo coger peso de ninguna manera. Desde luego, me ha hecho polvo. Con lo activo que yo soy... Bueno, si tienes algún problema me llamas...

d) Qué fuerte, y cómo te metes en esas movidas... No veas qué plan. Yo si quieres conduzco, pero de la nevera paso, que ya me he bajado unas pocas y no veas...

4. Si una bombilla de su casa se funde, ¿qué piensa?

a) ¡Pero si la puse nueva hace poco! Desde luego, ya no hacen las cosas como antes.
b) Esto ha sido una subida de tensión, fijo. Pues me cojo una del descansillo de la escalera, porque esto es cosa de los vecinos, con tanta freidora y tanto microondas... Si la comunidad rompe, que pague la comunidad.
c) Qué faena. Bueno, sólo es cambiar una bombilla. Eso lo hace cualquiera, al primero que venga mañana...
d) Qué fuerte. La verdad es que una bombilla que se apaga es como la muerte. Algo que tiene vida interior y que se convierte en...

5. Un ascensor se estropea, y tenemos que subir a un segundo piso, ¿cuál de estos sujetos le parece más coherente?

a) Vaya, otra vez andando. (Sube andando sin más dilación.)
b) Esto son las focas esas que vienen de la compra con cincuenta carritos; y además es que no saben usarlo. Luego nos toca pagarlo a todos. Y sus hijos que son unos salvajes... (Grita, patea y aporrea el ascensor mientras se explaya.)
c) Esta sí que es buena. Y en este barrio que no hay ni un hotel. Pues alguna solución habrá que encontrar... (Se sienta en el sofá del portal a pensar la solución menos traumática.)
d) Me voy a fijar en la marca del ascensor, por si algún día alguien que conozca se dedica a la construcción

poder decirle que no compre de esta marca. Aunque, a lo mejor, tampoco es culpa del fabricante y es la propia gente la que los rompe... (Sube andando.)

6. Si una vecina aparece cargada de paquetes, ¿cómo reacciona?

a) Déjeme señora, yo le ayudo.
b) Hala, vaya compra. No ve que hay que mirar por las calorías que se mete uno al cuerpo. Contrólese un poco que está usted de infarto, señora. Si no le importa me deja pasar primero, no sea que encima se cargue el ascensor y paguemos los unos por los otros. No te digo...
c) Vaya, qué verdura tan hermosa. Es temporada, ¿no? Cómo se nota que usted entiende, no como a mí que me engañan siempre... Suba, suba usted. Ya me espero...
d) Tenga cuidado con la verdura que compra, que el agujero de ozono ha producido una lluvia que es mala para los pistilos de los frutos secos.

7. La vivienda se queda sin portero y usted debe bajar la basura a la calle, ¿qué hace?

a) La bajo.
b) Bajo dando gritos y protestando de las vecinas que llevan un mes con las tripas de los boquerones en la bolsa y dejan una peste que alucinas...
c) Se la dejo en la puerta al vecino de enfrente. Total, como él baja todos los días no creo que le importe...

d) Me parece una situación que fomenta la relación vecinal.

8. Si el teléfono suena cuando se está quedando dormido:

a) Lo descuelga y contesta.
b) Se pregunta: «¿Quién cojones llama a estas horas?».
c) Tiene descolgado el teléfono como precaución...
d) Todavía no le han puesto el teléfono.

9. Si una persona que le es indiferente le plantea una cuestión profunda, ¿qué contesta?

a) Pues la verdad, de eso en concreto que me hablas, no entiendo mucho.
b) ¿Y yo qué sé? Estaba pensando en otra cosa.
c) Se queda mirando a un punto fijo al tiempo que deja caer una furtiva lágrima que provocará las disculpas y la huida inmediata del plasta en cuestión.
d) Te comprendo a tope y creo que tienes parte de razón, pero lo segundo no lo he pillado bien. ¿Cómo has dicho que era?

10. Un amigo le comunica que tiene el trabajo que necesita. Su respuesta es:

a) ¿En qué consiste?
b) ¿Cuánto pagan?
c) Tengo más trabajo del que necesito.
d) Eso es muy relativo, porque tú no sabes en un momento dado cuáles son mis aspiraciones... Aunque

un curro siempre es un curro, y oye, las calas nunca vienen mal.

Las respuestas «a» son las que se supone que elige un sujeto normal.

Las respuestas «b» corresponden a un sinvergüenza.

Las «c» a un vago.

Las «d» a un sujeto sin personalidad, que puede caer en la estupidez o en la oligofrenia.

Lo normal es que usted sea una mezcla de todos ellos. En muy pocos casos alguien contesta a todas las preguntas con la misma letra, si acaso, con la «a». Haga un recuento de sus respuestas y vea cuál de los cuatro factores predomina. Si es el «c», enhorabuena. Si es cualquiera de los otros tres y está usted conforme, enhorabuena también, qué le vamos a hacer. Si se siente triste porque hubiera deseado una mayoría de «c», no se amohíne y repita la lectura de este libro hasta que el *test* le dé positivo.

Una clasificación somera

Son muchas las escuelas, las tendencias y las posiciones que han abordado este tema a lo largo de los siglos, por lo que el autor, viendo que la ciencia oficial no emite una clasificación reconocida internacionalmente (porque no se ponen de acuerdo las eminencias que la constituyen), ha decidido ponerse de acuerdo consigo mismo para poder aportar una visión amplia de los distintos tipos que componen este grupo social.

Sería absurdo pretender una clasificación definitiva y que abarcara todos los tipos posibles, por lo que se ha optado por una visión somera que aglutine a la mayor parte de ellos en perjuicio de las minorías que no se verán representadas. Además, simplificando el dilema, cumplimos con la filosofía a la que hace honor este impecable tratado.

Vamos primero a exponer la clasificación para explicar más adelante en qué consiste cada uno de los casos.

CLASIFICACIÓN DE LOS VAGOS

I. VAGOS IRREVERSIBLES
  - A. ORGÁNICOS
    1. Metabolismo incompatible
    2. Enfermedad crónica
    3. Agenesia muscular u ósea
  - B. PSÍQUICOS
    1. Inteligencia superior
    2. Experiencia traumática
    3. Hipermorro
    4. Lector del libro *Un vago, dos vagos, tres vagos*

II. VAGOS REVERSIBLES O RECUPERABLES
  - A. SÍNDROME DEL LUNES
  - B. CANSANCIO POST-ESFUERZO
  - C. ENVIDIA PASAJERA
  - D. LECTOR DEL LIBRO *Un vago, dos vagos, tres vagos* (cuando va por la mitad)
  - E. MORRO (por el)

Vagos irreversibles

Como vemos el autor los clasifica, en primer lugar, en irreversibles y reversibles. Los primeros son los que morirán con esta condición, mientras que los segundos pueden convertirse en sujetos ambiente o ingresar en el primer grupo. A este segundo grupo también se le llama recuperable. Este término no es del agrado del autor; no obstante, lo incluye por ser muy utilizado en las clasificaciones que realizan sujetos ambiente, que consideran la vagancia un signo patológico de un desajuste psíquico anterior.

A su vez, la vagancia puede tener una causa física cuantificable y diagnosticable por métodos analíticos corrientes, o bien responder a una etiología puramente psíquica.

Dentro de los vagos orgánicos tenemos:

1. **Metabolismo incompatible.** El término es tan preciso que no merece aclaración. A la menor aproximación al medio laboral, el sujeto acusa síntomas de distorsión corporal generalizada. Los más frecuentes son: mareos, vértigos, náuseas, vómitos, cefaleas, espasmos, tetania, sudoración profusa y lanzamiento de esputos ante el objeto laboral. Se piensa, por la coincidencia de los síntomas, que muchas de las personas que en su día se quemaron acusadas de brujería, bien pudieran pertenecer a este grupo. Se explicaría así que les sobreviniera el ataque en presencia de la cruz por su parecido al pico, instrumento utilizado, como todos deberían saber, para cavar.

2. **Enfermedad crónica.** No nos estamos refiriendo a una enfermedad que impida trabajar, sino a enfermeda-

des que producen cansancio y que con el tiempo alteran la conducta del sujeto provocándole una aversión al trabajo, aversión irreversible mientras dure la enfermedad crónica. Las más frecuentes son las relacionadas con el hígado y las digestiones pesadas.

3. **Agenesia muscular u ósea.** Son sujetos que nacen con huesos o músculos de menos y que, lógicamente, ven alterada su conducta en cuanto a la capacidad de reacción frente a un esfuerzo. Es un instinto de supervivencia digno de seres evolucionados. Entre los monos que padecen este mal congénito no se desarrolla este instinto, y fallecen al intentar saltar de rama en rama como un mono más, sobre todo cuando lo que les falta es la mano.

Dentro de los vagos psíquicos:

1. **Inteligencia superior.** Se trata de individuos que no justifican de ninguna manera su actitud; sin embargo, al hacerles un *test* de inteligencia demuestran tener un índice muy superior al de los sujetos ambiente. Se considera un estadio evolutivo precoz. Son seres que tenían que haber nacido dentro de mil años. Existe un desajuste entre su actitud y su poder telequinésico, ya que se supone que para entonces el hombre dominará los objetos con la mente. Estos hombres sólo conservan de lo que seremos dentro de mil años la actitud física. Son seres muy estáticos.

2. **Experiencia traumática.** Este grupo ha sido aportado por las investigaciones de los psicoanalistas que afirman que una gran cantidad de vagos lo son por una experiencia negativa con el medio laboral durante la infancia. El caso más frecuente es haber presenciado un

accidente laboral o doméstico que le hace asociar trabajo y dolor. Con el tiempo olvidan el origen de su trauma, pero no lo malo que es el trabajo.

3. **Hipermorro.** Son sujetos en los que no se encuentra ninguna justificación moral ni científica a su actitud. Simplemente, no hacen las cosas porque no les da la gana.

4. **Lector del libro *Un vago, dos vagos, tres vagos.*** Conjunto formado por personas con gran capacidad de asimilación y en las que la lectura de este libro ha causado una impresión muy honda. Las experiencias que tienen a partir de su contacto con este suceso científico son tamizadas a través de las conclusiones que extrajeron de él, con lo que se convierten en admiradores de la casta a la que este tratado rinde homenaje, y más tarde en miembros de este grupo por derecho.

Vagos reversibles

En este grupo se encuentran tanto vagos que pueden dejar de serlo, como personas muy trabajadoras que sufren una crisis aguda y, por tanto, pasajera. En este último caso, hay que tener en cuenta que mientras dura la crisis estos sujetos lo pasan muy mal, por lo que podemos decir que no son vagos verdaderos. Es lo que llaman algunas literaturas pseudovagos.

Los más frecuentes son:

A. **Síndrome del lunes.** Es el más corriente y se da en sujetos no del todo integrados en el sistema o en personas que padecen una situación poco privilegiada, y que sufren un *shock* cada vez que son conscientes de su verdadera condición. En algunas personas se da todos los lunes del año. Gran número de asesinatos y fechorías de distinta índole se producen durante estos accesos, por lo que se está estudiando seriamente, en honor a la justicia, considerar como atenuante el hecho de haber cometido un delito entre las seis y las doce de la mañana de los lunes.

B. **Cansancio post-esfuerzo.** Se produce en personas que no calibran bien su energía, y por querer demostrar su fuerza u hombría en público realizan un esfuerzo excesivo que les lleva a renegar del trabajo. Estas crisis duran entre cinco minutos y doce años. La duración de la crisis está en relación directa con el esfuerzo realizado. El caso más importante de la historia se dio durante la construcción de las pirámides, donde miles de esclavos pidieron ser enterrados dentro de su propia obra. Dado que la condición de esclavo y la de vago son del todo incompatibles, sus amos accedieron a su deseo. La gravedad de la crisis va desde un simple juramento con intenciones blasfemas hasta la pérdida de la propia vida, o de la ajena cuando el sujeto que la padece es proclive a lanzar objetos contundentes.

C. **Envidia pasajera.** Se da en sujetos con personalidad poco desarrollada y que son fácilmente influenciables por el entorno. Siempre que entran en contacto con el vago sienten una envidia irreprimible al constatar lo bien que vive y deciden seguir su camino. Por su carácter veleidoso son fácilmente recuperables para el sistema por parte de las personas a las que mantiene.

D. **Lector del libro *Un vago, dos vagos, tres vagos* (cuando va por la mitad).** Es el mismo caso del que hablábamos en los vagos irreversibles psíquicos, pero

cuando aún no ha terminado de leer el libro. Normalmente, el proceso de irreversibilidad queda interrumpido por los tutores de la criatura o por las personas que, como en el caso anterior, dependen de él, y que viéndose venir la tostada reconducen su proceso formativo hacia los cauces de la productividad y la rentabilidad material.

E. **Morro (por el).** Son las personas que hacen lo que les apetece cuando les apetece. No responden a esquema ni planteamiento científico alguno. También se dice que actúan «por la cara». A diferencia de los irreversibles, a éstos les gusta de vez en cuando hacer algún trabajillo para pasarlo bien o practicar algún deporte violento como el tenis, ajedrez, etc.

Cómo ocultar esta superioridad para no ofender

El ser humano se diferencia de otras especies animales por la autoestima, por la alta opinión que suele tener cada individuo de sí mismo. Cada hombre y cada mujer han venido al mundo para ser los dueños de la creación. El hecho de que las circunstancias impidan estar a cada uno donde realmente le corresponde evita que haya seiscientos millones de genios, otros tantos de reyes... etcétera, etcétera.

Esta autoestima inveterada genera un espíritu iconoclasta indomable. El triunfo, el éxito, el ascenso del vecino es considerado como una usurpación. Cada ciudadano lleva dentro una reconquista pendiente en la que arrebatará el trono a los impostores que ocupan el puesto que les está reservado por derecho.

Este afán de protagonismo, este deseo de pasar a la historia, es la base de la supervivencia del vago. Ante una actividad artística, laboral o deportiva que tenga la más mínima repercusión social, el sujeto ambiente tiende a la descalificación, mientras que el vago siente una mezcla de rechazo visceral ante la contemplación de un esfuerzo, y admiración por el valor que implica acometer una empresa que produce cansancio.

El sujeto ambiente siempre pretende estar a la altura de los protagonistas y sintetiza sus aspiraciones con un: «ESO LO HAGO YO», frase que constituye la esencia del parasitismo no traumático del vago, ante cuyos oídos no pasará desapercibido este ofrecimiento desinteresado reconociendo a sus semejantes como una infinita cantera de potenciales colaboradores.

Sin embargo, no debemos fomentar en el sujeto ambiente este espíritu descalificador que a medio plazo puede volverse contra nosotros, pues toda esta frustración del reino no conseguido, encuentra sosiego en un resorte que ha descubierto el hombre de hoy, y que como ayer, responde a la herencia de uno de los valores más rancios de nuestra tradición: la capacidad de escandalizarse. El personal se escandaliza de todo aquello que su falta de valor, su situación social o su parca inteligencia le impiden ser.

El ortodoxo no encuentra suficiente premio en su virtud. No hay un equilibrio espiritual en su actitud ética, sino que se siente un primo cuando observa la vida que se pegan los que le rodean. Uno le pregunta entonces: «¿Por qué no cambias de actitud si no estás conforme con la que mantienes?». En la mayoría de los casos no se rectifica, porque no se puede tirar por la borda media vida y reconocer que se han desperdiciado los mejores años. El criterio suele ser ignorar la alternativa y tacharla de herética, al tiempo que se condena a sus seguidores al fuego del desprestigio social y descalificación personal.

Probablemente, el individuo que se escandaliza de todo lo que le rodea no encontraría mejor premio a su sacrificio que poder comprobar, a través de la condenación de los demás, que su razón era la única válida; pero mientras tanto, la fe no le acompaña y se siente un imbécil la mayor parte del tiempo.

EL VAGO DEBE OCULTAR SU SUPERIORIDAD Y MOSTRARSE FRENTE A SUS CONSTREÑIDOS CONTEMPORÁNEOS COMO UN POBRE DESGRACIADO QUE NO ENCUENTRA EL CAMINO DE REGRESO A CASA

Sólo así evitará ser quemado en público por aquellos que le rodean y que jamás aceptarán haber perdido la oportunidad de ser felices.

La técnica es bien sencilla. Se trata de jugar con sus reglas. Del mismo modo que ellos practican una doble moral, debemos aprender a hacer lo propio. Lejos de demostrar el equilibrio psíquico que produce el visionario sentido de la vida del vago, hay que parecer atormentado, dubitativo, en una palabra: disminuido, para que ellos puedan aliviar su desgracia en la ingrata vida a la que conduce la alternativa a su justa causa.

Cuando nos pregunten por nuestro estado de salud, siempre hay que dar una respuesta que implique duda.

Sólo en la intimidad haremos alardes de esa vitalidad que caracteriza a los vagos.

Hay que alabar las virtudes que implican las vocaciones laborales de nuestros vecinos. Exagerar el mérito de las buenas notas de los hijos de las personas que nos rodean, etc., etc.

Manifestar un talante de frustración, consecuente a una falta de autodisciplina juvenil, es absolutamente necesario. Nada hace sentirse mejor al enemigo que ponernos de referencia para reivindicar sus merecimientos, su constancia, su tesón, en definitiva, su capacidad de alienación para acometer una empresa. Si observamos con detenimiento estas virtudes, veremos que se asemejan mucho a las que poseen los bueyes que arrastran piedras. Continuemos esta tradición de fomentar lo que de animales oligofrénicos nos queda y realicemos, aunque sea en la clandestinidad, el alto cometido para el que sin duda estamos destinados: NINGUNO.

En definitiva, esta es una penosa e ingrata tarea, pero que no tenemos más remedio que asumir. Debemos reconocer los falsos méritos de los impulsos laborales ajenos, mientras exponemos nuestra condición superior como un latiguillo patológico y frustrante que nos aparta de nuestra supuesta vocación: emprender tareas arriesgadas y extenuantes que nos realicen como individuos en el contexto de la historia de la humanidad.

Resumiendo, si los empresarios envidian a sus trabajadores por la tranquilidad moral que les está reservada frente a la gran responsabilidad que ellos tienen que asumir para mantenerles, los vagos debemos tener una coartada menos cínica pero de la misma eficacia: «La historia te contemplará como un cimiento sólido sobre el que se han edificado los pilares de nuestra civilización, mientras que a mí me tendrá reservado un puesto en el tomo de los desastres que retrasaron el natural desarrollo de nuestro sistema».

Esta cita debe ser aprendida de memoria y soltarse mirando al suelo como una confesión vergonzosa. Si el lector se tiene por un buen actor y quiere hacer sus pinitos, puede rematar la faena con la voz entrecortada e hipando, con lo que conseguirá un efecto fulminante. El autor, que la ha interpretado varias veces de la manera que se ha explicado, recuerda un par de ocasiones en las que estando a punto de ser linchado por una turba de hacendosos ciudadanos, terminó siendo paseado a hombros y vitoreado como un héroe. También recuerdo algunas en las que hice llorar a grupos de mujeres de distintas religiones, tras discusiones absurdas sobre posiciones corporales cuando íbamos a llevar a cabo el acto sexual.

Ocultando esta supremacía moral a nuestros semejantes evitaremos envidias y venganzas como la que le ocurrió al viejo Warren de Memphis, Carolina del Norte, que padeció la humillación de ser aplastado por una apisonadora porque se negó a moverse de su mecedora mientras construían la autopista de Algete a San Diego, a su paso por San Andrés de Teixido.

CARÁCTER DEL VAGO

A pesar de que los vagos son sujetos de personalidad muy acusada, la persecución de que son objeto les obliga a llevar un régimen de semiclandestinidad, que va a condicionar su comportamiento social. Este acoso genera una serie de puntos comunes a todos los sujetos sometidos a la misma presión, y a ellos nos referiremos en este apartado. El lector debe comprender que vamos a hacer una descripción anecdótica de los rasgos que caracterizan al vago. No pretendemos adentrarnos en la complejísima vida interior de estos personajes. No estamos ante una visión incompleta sino somera.

Veamos en qué se traducen estos factores que condicionan la personalidad del vago.

La simpatía como método de supervivencia

El rasgo que predomina entre los que conforman la personalidad del vago es su simpatía. Hay razones poderosas para que éste sea el componente más acusado. La primera de ellas hay que buscarla en el instinto de supervivencia. Dada la naturaleza del vago, éste no se vale por sí mismo sino que necesita convivir con sus semejantes para que le saquen las castañas del fuego, pero no confundamos los términos: «UN VAGO NO ES UN PARÁSITO». El vago aporta su grano de arena a la comunidad con su salud mental, dando un sereno equilibrio al mundo de los que le rodean. Estamos ante un caso de simbiosis, no existe abuso por ninguna de las partes.

Si, como hemos dicho, el vago necesita vivir en comunidad para sobrevivir, no es casual que tenga más desarrollada la capacidad de comunicación que los demás, que consideran las relaciones sociales como un lujo cultural. Si a esto le añadimos que, precisamente, su contribución a la sociedad se produce en forma de salud mental, comprenderemos que el vago hace de la simpatía un oficio.

Lo traumatizante, lo alienante, lo patológico y agresivo que pueda ser el sistema para el individuo, lo es en menor medida para el vago que para el sujeto normal, al que venimos llamando ambiente.

El vago participa menos del sistema, y nunca lo hace en cuerpo y alma, por lo que no sólo está sometido a tan nefasta influencia durante mucho menos tiempo, sino que, además, ésta es superficial y apenas altera su condición original. Su esencia permanece inmaculada.

En tercer lugar tenemos que el vago es dueño de su tiempo y lo emplea en satisfacer el ego: EL VAGO PASA SU EXISTENCIA HACIÉNDOSE ESCUCHAR. Si quiere mantener su estatus no puede caer en la reiteración y la pedantería. Sólo la simpatía le abrirá todas las puertas y le hará una persona imprescindible. La simpatía es algo consustancial en él. Desde niño se gana el afecto de los que le rodean y no necesita esforzarse para ser amable y condescendiente con la torpeza ajena.

La adulación como arma sometedora

Ya hemos visto cómo el vago posee una simpatía innata que le hace querer y ser querido al mismo tiempo.

El hecho de querer al prójimo que se muestra siempre hostil y reaccionario frente a la evidente superioridad del vago, es un ejemplo de su infinita generosidad. También es una señal inequívoca de inteligencia. El vago es un ser visionario que todo lo que hace acaba siéndole de provecho.

En su infinita generosidad, el vago supervalora al sujeto ambiente tratándole de igual a igual. Aunque parezca lo contrario, el vago es una persona muy preocupada por el esfuerzo físico que realizan los demás en sus puestos de trabajo. Las muecas y gestos que refleja el rostro de un vago mientras escucha los relatos de las fatigas ajenas son una muestra inequívoca de su compromiso social y su abrumadora solidaridad.

El vago, sabiendo que no cuesta ningún trabajo hacer creer a los demás que son lo que afirman ser, lejos de rebajar la visión que cada uno tiene de sí mismo, exagera las virtudes de sus contertulios.

Ya hemos dicho que el vago no puede vivir de espaldas al mundo. Necesita que los demás le hagan multitud de labores para las que él se siente incapacitado y por esto somete al prójimo a sus necesidades, para lo cual existen varios mecanismos:

a) **La fuerza.** Es el que han utilizado los poderosos para someter a los pueblos desde que el hombre se transformó en masa explotable. Es indigno de una persona generosa y altruista como el vago. Es un sistema primario y característico de los seres inferiores, que siempre recurren a la primera solución que les asalta el cerebro porque no suele asaltarles una segunda.

La fuerza tiene como fin el sometimiento de la voluntad. El vago es un defensor obsesivo de la libertad y considera la opresión como el crimen más terrible que pueda cometer el hombre. Uno de los fantasmas que asaltan al vago durante toda su vida es el de la esclavitud. La imagen de la construcción de las pirámides de Egipto le impide conciliar el sueño.

b) **El engaño.** Es muy útil, pero la moral del vago sólo contempla esta posibilidad en caso de urgencia.

El engaño no funciona a medio plazo porque no existe la mentira perfecta, y el engañado siempre considera cuestionada su inteligencia e infravalorada su generosidad, por lo que se niega a negociar. En este caso, perdemos un colaborador que es el tesoro más valioso del que dispone el vago.

El engaño no es un arma útil, sino una herramienta estratégica frente a situaciones límite.

c) **La razón.** Aunque moralmente aceptable, la razón presenta el inconveniente de ser un mecanismo excesivamente lento porque convencer a alguien para que haga algo que no tiene previsto, a base de argumentos, constituye un trabajo en sí mismo y, por tanto, una contradicción.

Como en el caso anterior, puede utilizarse en momentos concretos, pero el uso reiterado de la razón (que suele acompañarse de una aportación abrumadora de datos) revela una personalidad paranoide.

d) **El afecto.** Moralmente aceptable, es el mecanismo preferido. Nada le resulta más fácil al vago que ganarse el afecto de sus colaboradores. El infinito amor que siente el vago hacia ellos les hace entregarse plena y desinteresadamente en cada misión.

Los colaboradores son la fuente de la vida del vago, que se convierte en adicto e incondicional admirador de sus talantes, habilidades y, sobre todo, de su resistencia física y su capacidad laboral. Estimulados por esta consideración, los colaboradores nunca defraudarán las expectativas que despiertan en él e intentarán batir todos los récords de entrega y eficacia y se convertirán en los seres más resolutivos del planeta, pero sólo en presencia de la persona que los valora como se merecen: SU FERVIENTE ADMIRADOR, EL VAGO.

La adulación se convierte en la principal fuente de ingresos del vago. Es un arma con unas posibilidades infinitas.

La fragilidad como arma defensiva

El vago es un ser sensible y extremadamente frágil. En esta fragilidad reside la incapacidad (no la coartada, como afirman multitud de desaprensivos) del vago para llevar a cabo trabajos que se consideran normales.

La constitución anatómica del vago no parece diseñada para que éste desempeñe los cometidos más elementales. Así, el cansancio, el dolor, los callos, las agujetas, las luxaciones, las hernias, etc., aparecen en el vago con una frecuencia y una intensidad que no responden a la relación causa-efecto.

Entendemos que el vago no es un ser egoísta cuya misión es sobrecargar de trabajo a los que le rodean, sino un ser generoso y comprensivo que reclama un poco de

EJEMPLAR DE VAGO DIRIGIÉNDOSE A PEDIR LA BAJA LABORAL POR CASPA.

afecto y colaboración para no perecer en la indigencia y el abandono.

La causa de esta fragilidad no está del todo aclarada, pues de la marginación a la que se somete al vago por considerarle un ciudadano que no aporta nada al desarrollo de la humanidad, es también responsable la ciencia, que le da la espalda y se niega a estudiar los fenómenos que le atañen de una forma exclusiva. El vago se nutre de los descubrimientos que la ciencia dedica a la humanidad, pero no dispone de una especialidad que atienda los problemas que son intrínsecos a su compleja personalidad.

Conociendo el abandono al que le somete la ciencia oficial, él prefiere ignorar sus terribles problemas psicosomáticos y enfrentarse a la vida con la gallardía y aplomo que todos conocemos.

Se ha especulado mucho en torno a esta fragilidad y su origen. Para algunos, la fragilidad de los vagos no es constitucional sino producto de su inactividad.

Para otros, la hipersensibilidad de los vagos responde a una especialización de determinadas vías nerviosas frente a la fobia que éstos sienten ante los estímulos laborales.

Para colmo, comoquiera que el dolor es un sentimiento, y como tal, subjetivo, no es cuantificable y la ciencia hace oídos sordos a los gritos desgarradores que los vagos emiten frente a pequeños traumatismos. No nos empeñemos en que el hombre es una sola especie animal. Existen hombres de granito, y hombres de duralex. No podemos pretender que estructuras moleculares tan distintas deban tratarse de la misma manera porque eso es obrar como imbéciles, y el hombre debe plantearse, de una vez por todas, alcanzar la mayoría de edad.

La humanidad perderá o no la infancia, pero mientras tanto, el vago debe sobrevivir. Las armas que utiliza son legítimas, y nadie puede condenarle a muerte por una simple falta de conciencia en cuanto a la organización social del trabajo.

El vago debe ser asistido por derecho y no por capricho como pretenden los prosaicos analistas de nuestro mundo, que juzgan a la humanidad con unas rígidas tablas construidas a su imagen y semejanza, en las que toman como modelo al ser completamente alienado y falto de voluntad.

La hipocondría como último recurso

La actitud de los vagos frente a la enfermedad es ejemplar. Es increíble cómo resisten la cantidad de agresiones que les depara el medio y con qué entereza saben darles la espalda e ignorar el drama. Pero algunos vagos se ven sometidos a tal acoso por parte de los que les rodean, siendo tales las presiones para ponerles a trabajar, que aparece un último resorte en su organismo para evitar la metamorfosis que les convertiría en una pieza más de este engranaje nefasto: LA MELANCOLÍA.

Esta situación, que hemos descrito en otros puntos del libro como «PENA MORA», es un síndrome general de defensa que aparece en el vago cuando se le encierra en un esquema que es incompatible con su organismo. En tanto que enfermo, se le considera. Nuestra sociedad sólo contempla el absentismo laboral en los casos de baja por enfermedad. Pues bien, el vago cae enfermo para recuperar sus derechos y a partir de ahí comienza un camino de regreso hasta la posición que le hicieron abandonar sin que él llegara a comprender por qué.

Un proceso similar les ocurre a los gorriones, que mueren cuando son enjaulados por no poder soportar la reclusión.

Conviene hacer el diagnóstico diferencial con los pseudovagos. Estos últimos entran en largos períodos de inactividad hasta que se les presenta una oportunidad que ellos consideran acorde a su categoría. A partir de ese momento, se muestran hiperactivos y muy competitivos. Un vago no traiciona sus ideales jamás, y menos por un tema tan trivial como es la renta.

La hipocondría no es un mal endémico como muchos afirman, sino episódico y provocado por el medio. Es un mecanismo de defensa que impide al sistema someter al vago a situaciones de las que no saldría sin pagar un alto coste de salud.

En el último congreso de vagos (que se hace por correspondencia para evitar a los ponentes largos desplazamientos e incomodidades), una de las ponencias más brillantes fue, precisamente, la que llevaba por título: *Hacia la resistencia activa por la hipocondría.*

Con esto queda dicho todo.

La vida interior como refugio

Sabemos que el vago es dueño de la mayoría de su tiempo y que no es amigo del ejercicio físico. Muchos se preguntarán en qué emplea ese tiempo el vago. El vago es una persona que se cultiva, en vez de andar cultivando el campo de nadie.

Está demostrado anatómicamente que el cerebro de los vagos es mucho más rugoso que el de un sujeto ambiente. Aunque durante mucho tiempo se quería ignorar su significado, la ciencia ha terminado reconociendo que tienen muchos más datos acumulados en la materia gris (que como todo el mundo sabe es el cerebro propiamente dicho, porque luego hay una materia blanca que no se sabe bien para qué sirve, pero que es común a casi todas las especies animales incluida la lombriz). A su vez, podemos decir que las personas con más datos acumulados, lo que llaman los lingüistas «eruditos», tienen una personalidad más acusada. Esto nos lleva a la conclusión de que los vagos no se niegan a integrarse en el sistema porque sean especialmente cabezones, sino porque tienen mucha más «preparación» que los que intentan por todos los medios fagocitarles. El vago no se integra en la sociedad porque es consciente de que ese paso constituye una regresión.

La conclusión que obtenemos de todas estas premisas es que el vago tiene una inteligencia superior, y que la única forma de conservarla, e incluso de aumentarla, es seguir acumulando información a través de la lectura o de la observación, que son las principales actividades del vago.

Los que se aproximan por primera vez a un vago y descubren sus cualidades, enseguida le instan a «sacarle provecho» a esta superioridad. Comienzan a aconsejarle sobre lo que debería hacer, cómo enfocar su inteligencia, etc., y, curiosamente, mientras que reconocen esa inteligencia en el vago, le tratan como si fuera un necio porque los consejos que le dan son absurdos.

La trampa en la que no quiere entrar el vago parte, precisamente, de ese sagrado principio según el cual

• CEREBROS •
ANÁLISIS COMPARATIVO
POTICLOP
POTICLOP
VAGO
SUJETO AMBIENTE

toda actividad intelectual debe traducirse en cifras. Él sabe que existen otros tipos de rentabilidad que no son tan evidentes, pero que son mucho más efectivos si lo que nos planteamos es «vivir» cien años. (Las comillas son una llamada de atención al lector para que distinga entre vivir y durar.)

La filosofía que practica el vago, basada en la contemplación y en una profundísima vida interior, tiene muchas referencias orientales. La cantidad de ideas que pasan por la cabeza de un vago en una mañana, es muy parecida a la cantidad de tornillos que pasa por las manos de un obrero en una cadena de montaje en el mismo tiempo. El vago desarrolla una actividad increíble, sólo que ésta es invisible. La diferencia con respecto al individuo ambiente reside en que el vago no es amigo de los signos de poder, y para realizarse no necesita hacer alarde de potencia energética ni excesos físicos con los que se consigue atentar contra el equilibrio orgánico conseguido tras horas de relajación inteligente y contención emocional.

El vago está tan orgulloso y seguro de él mismo que no necesita ir restregando a nadie lo listo, hacendoso y práctico que es. Como decimos, se limita a observar y comprobar que se encuentra en otro estadio del que no desea regresar a pesar de la insistencia del sujeto ambiente.

Esta vida interior es el mundo donde reside el vago. Es el cosmos particular donde nadie le cuestiona la existencia ni la productividad, porque él lo ha creado y a los ojos de los habitantes, de los fantasmas y de los sueños que lo pueblan, él sería EL SER SUPREMO.

El drama del vago nace de la conciencia de que sólo es considerado por los seres imaginarios que él mismo inventa.

La elocuencia. El arte de epatar

Los vagos son personas de una riqueza verbal extraordinaria. Esta riqueza es multicausal.

Los vagos tienen una dimensión del tiempo distinta a la del personal ambiente. No compiten en productividad y se pueden permitir el lujo de recrearse en cada uno de los actos que llevan a cabo, lo que les convierte en perfeccionistas.

Hemos visto en el apartado anterior lo profunda que es la vida interior del vago. Esta profundidad se traduce en una retórica precisa aunque barroca.

El ritmo pausado que utiliza el vago en sus exposiciones tranquiliza al receptor y le predispone a la escucha. Por ello, el vago no sólo transmite mayor número de datos que el sujeto ambiente, sino que además la información es recibida con plenitud de entendimiento.

Desde siempre, el hombre ha hecho incompatible la actividad intelectual con la física. Si logramos convencer a los que nos rodean de que somos unos sabios, ellos, y no nosotros, serán los que nos aparten de toda actividad que requiera un esfuerzo que a todas luces nos está prohibido.

La elocuencia es el puente que une la vida interior del vago con la comunidad. Es la justificación productiva que el individuo ambiente espera de nosotros, por plantear una nueva relación de poder en la que no existen listos y primos, sino personas con distinto bagaje intelectual. El antiguo represor, cuando es víctima de nuestra verborrea, pasa de cuestionar nuestra vida a convertirse en colaborador a nuestro servicio; de ahí la importancia que tienen la vida y las relaciones sociales en los vagos.

Un vago debe prodigarse, pues sólo en la autopromoción está la supervivencia. También debemos tener en cuenta que la elocuencia es un oficio y como tal, se aprende ejercitándolo, por lo que la eficacia de esta cualidad estará en función de la experiencia. En la vida social, el vago no debe escatimar esfuerzos y opinará siempre que tenga ocasión. No es importante mantener una postura coherente o contradictoria, es el estilo, la técnica expositiva lo que nos hará apreciados contertulios. No olvidemos que una de las ventajas de la retórica es que nos permite ordenar el pensamiento y sacar conclusiones sobre lo que estamos contando al tiempo que hablamos. Al no ceder el turno de palabra nos hacemos con el poder de la convocatoria, pero hay que estar pendiente de las reacciones de nuestros interlocutores, pues nos podemos convertir en unos plastas. Es necesario encontrar el punto en el que la afición reclame nuestras intervenciones. El término justo, sumado al arte de decir precisamente lo que los demás quieren escuchar, nos convertirá en contertulios cotizados y vitalicios. La repulsión que causábamos en las personas que dedican su tiempo a causas exclusivamente laborales se convierte en solera, en caché y en saber estar. Los comentarios pasan de ser del calibre de: «A todos estos les daba yo un pico y una pala» a «Hay que ver cómo vive, qué arte tiene...».

Un último consejo: evítese, en lo posible, que todas las señoras se rindan enamoradas ante nuestros encantos, pues nada crea tantos enemigos ni deseos de venganza como el ser deseado de forma escandalosa. Los furibundos enamorados nunca serán colaboradores a nuestro servicio si ven en nosotros a un competidor.

No hay que olvidar que el único fin que perseguimos

a través de las relaciones sociales, es comprar al enemigo; que nos deje en paz. No expongas opiniones vehementes, ni cuestiones a los contertulios: RECRÉATE EN EL ARTE DE LA EXPOSICIÓN. Haz de tu discurso un fin en sí mismo. No es necesario transmitir información ni dar sentido a nuestra palabra cargándola de conceptos que sólo pueden conducir a la polémica y a la discusión acalorada. No malgastes energías intentando convencer a la sinrazón. Abandónales a su suerte. Por desgracia, es demasiado tarde para las lecciones magistrales.

¿De profesión? Artista, por supuesto

Las personas son lo que hacen.

Hasta tal punto es así, que cuando se quiere saber en qué trabaja una persona se le pregunta: «¿Tú qué eres?».

Los vagos, estén donde estén, siempre hacen lo mismo: NADA.

La única conclusión válida, desde el punto de vista de las matemáticas convencionales, es que un vago no es nada.

Los vagos tienen siempre una dualidad de la que carecen el resto de los mortales: una actividad oficial y una actividad real que podemos considerar nula. En el equilibrio entre estas dos actividades vive el vago su existencia.

De la actividad oficial, que es la que figura en todos los documentos, obtiene el vago sus ingresos materiales. De la actividad real, que hemos definido como vida interior, obtiene los ingresos espirituales y a ella dedicará la mayor parte de su tiempo.

Curiosamente, a la historia pasará la actividad que menos importancia tiene: LA ANECDÓTICA. La Oficial. Esta situación que es simple coyuntura y que nada tiene que ver con el vago, es la que más sorprende al torpe ciudadano medio. Prácticamente nadie está contento con su situación, y todo el mundo se siente infravalorado, pero cuando se trata de juzgar a los demás, el criterio se invierte: nos gusta juzgar al prójimo por lo que hace, y al mismo tiempo que nos juzguen por lo que somos capaces de hacer.

Todos los vagos tienen oculto un artista. Unos acaban sacándolo al exterior o, como se dice vulgarmente, acaban sacándole partido, y otros consideran que no merece la pena el esfuerzo de convencer a los demás del valor de su talento, y lo mantienen siempre en estado de letargo.

Los artistas mantienen la misma actitud frente a la vida que los vagos. Esta afirmación sólo es válida en el caso de los verdaderos artistas (considerando arte verdadero aquel que yo hago y el que a mí me gusta), no el de los pseudoartistas que dedican su vida a enamorar al populacho a través de gratuitos ejercicios de hipnosis privándole de todo espíritu crítico. Los artistas verdaderos son meros observadores que catalizan su experiencia a través de vivencias extravagantes, y más tarde la proyectan a través del prisma de su talento en cualquiera de las formas que nos hacen reconocerlas como obras.

El vago hace exactamente lo mismo, pero en vez de extrovertir su experiencia la reserva para él, por no tener tiempo para desarrollar una técnica (que es lo que valora el mundo del arte) o, simplemente, por considerar que las vivencias no deben compartirse con cualquiera. En este segundo caso encontramos el punto de divergencia fundamental entre el vago y el artista: el vago carece del espíritu exhibicionista que anima la capacidad creadora del artista. El artista crea sólo para que su obra sea vista y, a ser posible, reconocida por sus contemporáneos. El vago crea porque es consustancial a su metabolismo, a su psique, y consiente en reducir su experiencia artística al grado de accidente neurológico. No siente la menor necesidad de comunicarla.

Muchos de ustedes pensarán que hay artistas que trabajan mucho porque se pasan todo el día con el pincelito jode que te jode sobre un lienzo. Si nos atenemos al criterio de productividad por el que se juzga al peatón medio, ¿cuál sería el rendimiento de un señor que en dos meses no ha llegado a terminar un metro cuadrado de lienzo? ¿Y el de un señor que lleva cinco días aporreando con un cincel un trozo de piedra sin que pueda saberse qué pretende, aparte de descargar su agresividad a través de una espectacular litoterapia?

Tal y como hemos visto, la vida de los artistas y la de los vagos tienen la misma intención. No quiero polemizar en torno al tema del arte, y no me atreveré a decir que los artistas son unos vagos, sino que los vagos tienen temperamento artístico.

Si los artistas elevan su peculiar forma de entender la vida a la categoría de profesión, los vagos con más razón aún, puesto que su condición de artista está por encima de la vocación o del reconocimiento social: ES CONSUSTANCIAL E INNEGOCIABLE. Es la esencia misma de su existencia.

Ya que existe un modelo social que refleja exactamente el sentir del vago, al tiempo que le permite ser admitido en todas las esferas, adoptémoslo. A partir de ahora, cuando nos pregunten por nuestra profesión (pregunta de mal gusto donde las haya), responderemos sin dudar: ARTISTA.

Alternativas laborales

Hemos llamado actividad oficial a la que desempeña el vago de cara a la sociedad y que le produce los ingresos de supervivencia. En la mayoría de los casos, los vagos se ven obligados a trabajar (o, mejor dicho, a formar parte de una plantilla). El problema que se les plantea es encontrar un puesto de trabajo que responda a sus necesidades económicas, sin traicionar sus principios.

El escaqueo, que es la actividad fundamental del vago durante la jornada laboral, no es exclusivo de ningún trabajo. En la mayoría de los casos es en el puesto de trabajo donde se ven las posibilidades efectivas de realización; sin embargo, vamos a dar una serie de alternativas que tradicionalmente se consideran más acordes a la capacidad de rendimiento del vago.

Funcionario

El funcionario es el puesto civil más acorde a las aspiraciones del vago. Una vez que se obtiene la plaza se le paga por asistir. El rendimiento es optativo puesto que el contrato no exige un mínimo de productividad.

Otra ventaja de esta alternativa laboral es que el vago se encontrará comprendido pues hallará muchos colegas entre sus compañeros de trabajo.

Las posibilidades de ascenso son limitadas y los sueldos no son demasiado altos, pero dadas las exigencias de rendimiento, la relación calidad precio es más que aceptable.

El funcionario tiene el 90 por ciento del tiempo para él. Muchos de nuestros mejores poetas, ensayistas y campeones de papiroflexia han salido de estos cuadros.

Comoquiera que el funcionario trabaja para el Estado y éste es muy respetuoso con las tradiciones del país, el desayuno a media mañana, la siesta, etc., son actividades que forman parte de la jornada.

Al que espera enfrente de la ventanilla, le llama la atención la espectacular duración de los desayunos de los funcionarios. Si no fuera porque son diarios, le llevarían a pensar que el funcionario sólo come cada cuatro o cinco días.

La tertulia es otra de las actividades habituales y el vago puede hacer un rodaje impecable durante la jornada laboral para llegar a la noche con una euforia verbal sorprendente.

En líneas generales se puede decir que el funcionariado es un ejemplo para la raza humana.

Militar

Como puesto de trabajo, el de militar en tiempo de paz es una panacea «impensable». Tiene el inconveniente de que pueden presentarse conflictos ideológicos, pues el ejército no es precisamente una institución progresista. Para el vago sin prejuicios sería una solución admirable. Es posible que dentro del gremio llegue a obtener la medalla del trabajo.

Para los amantes de la retórica, es un campo de realización. Las juras de bandera son los actos más surrealistas con los que pueda enfrentarse el ser humano. Preparar un discurso para ese día puede ser la mayor ocasión que vieron los siglos para cualquier orador. Miles de familias en las tribunas escuchan sin entender nada. Miles de jóvenes, perfectamente formados, están esperando el toque de rompan filas para ir a comer una tortilla de patata con sus familiares, mientras una voz de fondo, como un rumor permanente, habla de fértiles campiñas, de verdes valles y de manchegos de raigambre. Esa voz en *off* es la del coronel que se dirige a los presentes para recordarles a través de extrañas descripciones topográficas y de perfiles sociológicos sorprendentes, por qué están allí. La preparación del discurso es la tarea más importante de los últimos dos meses. La apoteosis de la vagancia.

Guarda forestal, guarda jurado, guarda en general...

Para el que viva en el campo es una salida muy acorde. Su misión está por definir, pues sólo son necesarios en grandes fincas que por su tamaño dan en ser incontrolables, con lo que la responsabilidad es dudosa y la posibilidad de escaqueo total. Un refrán popular dice: «Eres más vago que la chaqueta de un guardia». Sin entrar en detalles sobre la indumentaria que le hacen llevar a uno, es un puesto de trabajo digno de tener en cuenta.

Político

Esta es una carrera en la que uno trabaja lo que le da la gana. Como en el caso del militar, podrían presentarse problemas ideológicos, pero no es el caso en los tiempos que vivimos.

Existen varios niveles de participación. En el medio rural, se puede trabajar a nivel de ayuntamiento. Son agradecidas las etapas de reflexión durante las cosechas. Con qué alegría se reciben desde los balcones del ayuntamiento a los vendimiadores que regresan cantando en los camiones tras la dura jornada.

Si usted reside en el medio urbano, la cosa es más difícil porque la competencia será mayor. En cualquier caso, éste es un empleo a mencionar aunque sea inaccesible por su espléndida retribución, siempre negociable (es bonito asignarse el propio sueldo a través de una votación), sin exigir nada a cambio, ni siquiera fidelidad ideológica. Uno se puede presentar por el partido en el que tenga más posibilidades de salir elegido y una vez obtenido el escaño independizarse. No es obligatorio asistir a las sesiones, por lo que si uno conserva, a pesar de la campaña electoral, un mínimo de inteligencia, no llegará a conocer los pasillos del Congreso.

Otra posibilidad, una vez elegido, es boicotear (ausentándose) las sesiones por motivos ideológicos, con lo que además de evitar tanta estupidez, se adquiere la imagen de político puro y de ideólogo nato.

De todas maneras, los asientos del Congreso son muy cómodos, y si en alguna ocasión, por necesidades de protocolo, nos vemos obligados a asistir, siempre podemos pasar la sesión echando una cabezadita (no es de buen gusto roncar de forma estentórea durante una po-

LOS VAGOS CON PREDISPOSICIÓN AL DIBUJO PUEDEN ENCONTRAR EN LA FIGURA DEL BEDEL SU OCUPACIÓN IDEAL

nencia porque los políticos no duermen, en todo caso, descansan).

Tarde o temprano nos tocará dar la cara en la tribuna, pero ya sabemos que la retórica no es el problema del vago. Además, uno de los cometidos de la Cámara es organizar el trabajo de los demás, tarea en que los vagos son unos grandes expertos y en la que se sienten plenamente realizados.

Bedeles y conserjes

La figura del bedel en los centros oficiales de docencia es todo un ejemplo a seguir.

Un bedel, para realizar su cometido, sólo necesita una mesa de madera con sus correspondientes cajones, un ventilador de bolsillo y un botijo. En los casos de alta jerarquía dentro del gremio, disponen también de un pequeño armarito.

Existen tres especializaciones dentro de la profesión:

a) **El bedel de puerta.** Tiene la función de observar con indiferencia a las personas que pasan por delante de sus narices entre cabezada y cabezada. También deberá ponerse en pie y dar los buenos días cuando llegue el jefe y cuando se marche. Como esto sucederá muy pocas veces porque los jefes, en los puestos oficiales, no suelen estar localizados por motivos de seguridad, no se puede decir que sea un puesto de mucha acción.

b) **El bedel de planta.** Suele estar en la antesala de un despacho de alguna personalidad que «recibe». La misión es preguntar al visitante qué desea e intentar desanimarle. Si no logra la desesperación y abandono del intruso ante la negra perspectiva que le describe, se vuelve a su sitio y continúa con sus profundas reflexiones. Tampoco es un cargo de muchos sobresaltos.

c) **El bedel de ventanilla.** Trabaja algo más porque su misión es vender papeles absurdos de autores surrealistas que contienen todo tipo de preguntas indiscretas. Tienen, en el mejor de los casos, el precio de un periódico y debemos rellenarlos nosotros mismos.

Gracias a estas ventas que incluyen una pequeña dádiva, el bedel adquiere un sobresueldo, por lo que queda compensado su desmesurado esfuerzo con respecto a los compañeros de gremio.

Supervisor

El de supervisor es otro de los oficios compatibles. Su misión es la de inspeccionar algo. Suelen aparecer al final de la jornada, miran por encima el montón de papeles que hay sobre la mesa y con un gesto indican a la secretaria que puede aplicarles el tampón, para que los papeles circulen hasta la otra mesa. El sello que aplica la secretaria sobre los papeles representa la firma del supervisor, que desde que cumplió cuatro días en el puesto de trabajo (el tiempo que tardaron en hacerle el sello) no ha vuelto a hacerlo a mano.

Como observará el lector, este puesto de trabajo no traiciona nuestros principios. Además, el supervisor está rodeado de bedeles que le protegen y forman la primera barrera selectiva. O sea, está como en casa.

Socorrista de piscina

Su cometido es evitar que la gente se ahogue en piscinas y demás espacios públicos. En caso de que su colaboración sea necesaria, como la conciencia social en torno a la ayuda al accidentado es muy sólida, apenas tendrá que intervenir. Su misión se reduce a organizar la turba que se empeña en salvar la vida a sus semejantes. Un par de instrucciones serán suficientes para que la cuestión quede resuelta. De todos modos, la mayoría son casos de histeria que se tratan con un par de buenas bofetadas. Como estos accidentes siempre se presentan cuando el socorrista está entrando en un primer sueño, el tratamiento será aplicado con todo el rigor y sin esfuerzo.

Guardagujas

Este es un empleo que está en vías de desaparición. La misión del guardagujas consiste en observar el paso de los trenes y controlar que los raíles no se desplacen. También deberá evitar que el botijo del chiringuito se quede sin agua.

Una variedad de este empleo es la del guardabarrera, que tiene como misión evitar las colisiones entre los automóviles que cruzan las vías y los trenes. A veces se le escapa algún tren. Mala suerte.

Portero

También en vías de extinción por la proliferación de los porteros automáticos. Su misión, puramente vocacional, no es específica. Si quiere, pregunta a los transeúntes por su destino, y si no, pues no. Suelen estar en familia en torno a una mesa camilla viendo la televisión. Su relación con los vecinos está en función de la propina navideña.

Podríamos enumerar cientos de trabajos alternativos en los que se puede emplear el vago, pero no es la función de esta obra solucionar la vida del lector, sino reivindicar la figura del vago.

De todos modos, la vagancia es una vía de realización, y puede ser practicada en cualquier puesto de trabajo como ya advertíamos al principio.

LA VIDA COTIDIANA

La jornada de un ciudadano normal se compone de dos partes:

1. El período laboral.
2. El período de descanso (en el cual el empleado recupera fuerzas para poder trabajar al día siguiente).

El ciudadano medio –ambiente– tiene programada su vida. Rara vez se plantea qué hacer al día siguiente porque sus obligaciones le resuelven esa duda.

El vago tiene un período de reflexión diario con el fin de intentar llevar su existencia dentro de los reducidos límites de sus principios, a los que rara vez traicionará, y nunca por voluntad propia. En medio del desarraigo que nos ha tocado vivir, impresiona la coherencia con la que se plantean los vagos su vida.

Vamos a analizar una jornada en la vida de un vago. Plantearemos una situación ideal en la que el vago ha resuelto el problema de la supervivencia, para poder estudiar cómo actúa en libertad.

Como veremos, no todo es un camino de rosas, sino que existen momentos difíciles incluso en la vida de estos individuos privilegiados.

El largo despertar

El hecho de que despertar sea uno de los momentos más traumáticos del ser humano, sólo comparable al período de expulsión durante el parto, dice muy poco en favor de la vida. Por distintos motivos, la mayoría de los seres humanos encuentran en la ausencia que les otorga el sueño, el momento más placentero del día; pero para distinguirnos de las personas que se encuentran en estado de coma, debemos despertar en algún momento y dar «señales de vida», término acuñado por los amantes de la vigilia que, en un éxtasis de subjetividad, hacen sinónimos sueño y muerte como si la actividad psíquica del sueño no fuese una de las más ricas. De nuevo nos enfrentamos a una de las claves con las que habremos de topar una y otra vez: LA ACTIVIDAD PSÍQUICA INDIVIDUAL NO SE COTIZA EN EL MERCADO LABORAL. Sólo tienen valor los actos de violencia físi-

ca que impliquen sudoración profusa, o las ideas a las que se les puede «sacar partido», es decir, las que sirven para poner a trabajar a los demás.

El vago necesita un período de acomodación entre el sueño y la vigilia, pues, como hemos visto, no se encuentra tan integrado como el hombre ambiente y ha de programar su vida cada vez que se despierta. No acepta un esquema universal. El vago es, ante todo, individuo.

Amanece por la mañana

El doble comportamiento social que se ve obligado a llevar el vago en su afán de evitar las iras de los que le rodean, implica una serie de ejercicios mentales para no meter la gamba.

La rotación de la Tierra lleva su marcha y el vago la suya. Rara vez coinciden y, desde luego, el vago nunca se ha planteado programar su vida en función de esta circunstancia astronómica. En consecuencia, el día comienza a una hora, y el vago amanece cuando le da la gana. Este suceso anecdótico genera un pequeño conflicto de relación, porque el vago da los buenos días cuando comienza su jornada y las buenas noches cuando se va a dormir, con lo que, sin darse cuenta, delata sus hábitos. Por increíble que parezca, hay gente que se molesta cuando a las ocho de la tarde, un ciudadano recién duchado y con el pelo aún mojado, sale a la calle y da los buenos días a los que en ese momento vienen de trabajar. Como no está en el ánimo del vago cambiar el mundo y su educación es extrema, todos los días, al levantarse, realiza una serie de ejercicios mentales que le sitúan en el mundo en que vive, con el único fin de no ofender a sus semejantes. ¡Cuánto ganaría la humanidad si copiara algunas de las actitudes de los vagos!

El primer pensamiento en la jornada de un vago es siempre para los demás. Es un pequeño ejercicio mental de integración y sometimiento al criterio social. Es un intento de respeto y acatamiento de la cultura vigente que, como respuesta, siempre ha intentado aplastar a las minorías.

Nunca más volveré a madrugar

Estos momentos de reflexión, en los que el vago toma conciencia de lo que le espera, conducen a crisis agudas. En un primer intento el vago renuncia a la vigilia, pero comprende que haber dormido quince o veinte horas seguidas le va a impedir volver a conciliar el sueño. Está perdido, no le queda más remedio que someterse a la corriente que le aguarda. Se rinde a la dinámica infernal que le rodea, pero antes hace un firme propósito de enmienda que le impida volver a caer en la trampa. Fiel a sus principios y renegando por haber obrado de forma tan gratuita contra su moral, se promete a sí mismo por lo más sagrado que reconoce –su propio descanso–, no volver a madrugar. Acto seguido, mira el reloj para comprobar que lleva más de tres horas de retraso con respecto al plan que los demás habían previsto. Él nunca hace planes, se limita a anotar los que le imponen.

¿Pero es necesario tanto ruido?

Si el vago no comprende qué lleva al sujeto ambiente a integrarse sin resistencia en esa forma de vida, todavía comprende menos que lo haga con ese talante de alborozo, dando a entender no sólo que madruga de forma voluntaria, sino que se siente orgulloso del sacrificio que le supone. En muchas ocasiones podemos escuchar cómo personas de inteligencia media alardean de la intempestiva hora a la que se levantan, y son contestados por otro que se ufana de levantarse aún antes. Estas muestras de deterioro no merecen comentario.

El estado de soledad en el que se ve sumido el vago cuando se levanta, le deprime profundamente. El inmenso descalabro anímico que supone para él el trauma de incorporarse a la vida activa, no se ve recompensado por ninguna muestra de solidaridad. No encuentra el más mínimo punto de apoyo en el que consolar su pena. Lejos de ello observa, desde el fondo del pozo en el que se encuentra sumido, cómo los demás bromean, ríen y chillan en una explosión de vida que no demuestra sino un grado de estupidez de repercusión incalculable.

Quietud, paz, silencio. Todo sacrificio, y levantarse lo es, necesita una pequeña liturgia para cobrar sentido. Si nosotros restamos valor a nuestro propio esfuerzo, nadie lo apreciará en la medida que se merece.

EMPLEADO: NO ENTREGUES
TU VOLUNTAD CON ESA ALEGRÍA O
TE TACHARÁN DE VOCACIONAL

Cuando nadie respeta a los que descansan

En el intercambio de relaciones sociales, el vago siempre se siente en desventaja. Mientras él se preocupa constantemente por los que le rodean, no obtiene a cambio más que indiferencia y atropellos. Su mundo se ve constantemente ultrajado porque su escala de valores no la reconocen los demás. Para el vago, el descanso tiene tanta importancia como el trabajo para el sujeto ambiente. Sin embargo, mientras que el vago nunca iría al puesto de trabajo de los demás a mofarse, tiene que sufrir la violación de su descanso de forma reiterada. El ruido, la actividad frenética, el escándalo, son parásitos habituales del descanso del vago. Además, se le niega el derecho a protestar. Las ocasiones en las que la supervivencia del vago se ve amenazada por la intromisión del tumulto ambiente, y se atreve a reclamar un poco de respeto para su descanso, es respondido con un violento: «No son horas de dormir», como si las necesidades fisiológicas hubiera que satisfacerlas a voluntad de nuestros vecinos.

Tanta vejación lleva a algún vago a tomar decisiones drásticas; sin embargo, la mayoría perdona a los que les rodean por entender que la vida que llevan los empleados no puede conducir más que a brotes neuróticos donde aparecen la humillación y la violación de los derechos ajenos como un signo de poder.

Cuando en el mundo la ley la impone el que más sufre, no podemos esperar maravillas. La paciencia es la única consejera válida. Querido vago, abandona tus instintos asesinos, no te pongas a la altura de los que tienen un coeficiente menor. Perdónales porque, embrutecidos por su actividad febril, no saben lo que hacen.

La soledad de las mañanas

Cuando ya todo se ha despejado y por fin han conseguido que te levantes, comienza la dura tarea de dar sentido al día.

La soledad de la mañana asalta por sorpresa al vago. No hay nada que hacer ni nadie con quien compartir estos ratos presididos por la luz del sol. El encierro agudiza la crisis de ansiedad que abate al vago por haber abandonado la cama sin un fin concreto. Lo mejor es salir a dar un paseo, aunque la vecindad note que no tienes una jornada laboral precisa y te conviertas en diana de las iras de la comunidad.

Un poco de aire fresco puede resultar saludable para compensar los excesos cometidos la noche anterior.

Un pensamiento recorre el cerebro todo este tiempo: «Dónde están los demás. Cómo puede existir una convocatoria tan poderosa».

Nostalgia de un empleo

Acosados por la admiración que sentimos ante la fuerza de voluntad que debe suponer el someter la vida a la disciplina de un trabajo, y privados de un ocio digno, acorde a nuestras necesidades intelectuales, llegamos a claudicar y caemos en las garras de una de las mayores aberraciones que asolan la virtud del vago: EL DESEO DE TRABAJAR.

Las crisis existenciales suelen reafirmar al hombre que posee una verdad algo más razonable que sus semejantes –por llamarles de alguna manera–, pero tanta actividad psíquica no es buena, y termina saturando al individuo que se encuentra solo, llegando a desear estar tan alienado como los demás por un cometido cualquiera que ocupe sus vacíos espirituales. Es en ese momento cuando el vago añorará formar parte de una plantilla y estar integrado en la cadena laboral que forma el sistema. Sin embargo, aunque estas crisis suelen repetirse, no le hacen claudicar porque debemos recordar que estamos hablando de un sujeto inteligente que dispone de una herramienta poderosa con la que defenderse de estos ataques: el cerebro. Temeroso de dar un paso en falso, estudia todas las alternativas antes de tomar una decisión tan seria. Con el tiempo y como la situación no es nueva ni casual, existen una serie de resortes que nos curan de estas crisis, pero entre todos ellos se ha mostrado especialmente eficaz la terapia implosiva de recuperación.

Terapia implosiva de recuperación

Nada resulta tan eficaz frente a un sujeto que en una fase maníaca reclama una solución absurda como enfrentarle directamente a la solución que plantea. Así, en el caso de los vagos, cuando se ponen pesados con la manía del trabajo, un amigo debe llevarle a centros donde se trabaje: fábricas, obras públicas, talleres de chapa, vendimia si es época de cosecha, etc., etc. Estando cerca de estos sitios, cuando aparezca la crisis y el enfermo comience a repetir: «No puedo estar siempre así, no puedo estar siempre así...», la solución es ponerle frente a los trabajadores y preguntarle: «¿Y así?, ¿quieres estar siempre así?». En condiciones normales y a no ser que el enfermo esté de ingreso, responderá: «Bueno, claro, así tampoco...». Entre balbuceos y falsas respuestas, el enfermo caerá en un largo sollozo, y la crisis se habrá superado. Volverá a ser el que era: UN VAGO INTEGRAL. SIN FISURAS.

Los parques como alternativa de vida

Los parques se están convirtiendo en el hábitat natural de los vagos.

No es el lugar más apropiado para pasar la mañana, pero se hacen unas amistades muy interesantes. Se conocen personas que no son vagos, pero que están de vuelta del trabajo y entienden un mundo al margen del mismo, y también otras que pasan parte de su jornada laboral en los parques: las niñeras.

Los pensionistas. Los pensionistas son los amos de los parques. Es el único espacio en el que se encuentran a salvo de sobresaltos y, últimamente, con la juventud tan enloquecida que tenemos, ni eso. Aunque no trabajan, ni lo harán, son el resultado de una vida de trabajo y se sienten muy orgullosos de su pasado. Su única posibilidad de supervivencia está en que los demás trabajen para mantenerles y esa es una de las razones por las que consideran que hoy en día se trabaja bastante poco. El vago es su enemigo natural.

Por supuesto, para que le dejen a uno en paz, hay que inventarse una coartada. La mejor suele ser una enfermedad crónica porque les hace sentir que, para la edad que tienen, están muy bien. No dudes en mentirles con respecto a tu situación laboral. Total, para lo que les queda, no les vas a amargar la vida.

Algunos entran en procesos maníacos en los que todo les parece mal y únicamente hablan de la inseguridad ciudadana. Su principal afición es encontrar jeringuillas, suceso que les produce un gran cabreo, y les hace entrar en una extraña espiral. Cuantas más jeringuillas encuentran, más buscan y más se cabrean. Este grupo no tiene solución.

Viudas y perritos. Se incluyen en el mismo apartado (aunque anatómicamente no tienen mucho que ver) porque son indisolubles. A través del cordón umbilical que supone la correa de paseo, forman una unidad vital.

La viuda con posibles es otro de los habitantes matutinos de los parques. Muy simpática, enseguida te hace saber su nivel de renta. Como lleva varios años viuda y ya ha cumplido con el luto reglamentario se retrotrae cuando habla con un hombre joven. Si se coincide con ella durante varios días seguidos, se puede observar una curiosa evolución estética y una imprevista actitud coqueta. El tema de la charla con el que se inicia la relación siempre es el perrito, pero la conversación galante, de clara intención erótica, no tarda más de cuatro días en aparecer. Aunque no están dispuestas a mantener una relación fuerte, les da mucho morbo que les digan barbaridades. Todos los días se marcharán ofendidas para regresar al día siguiente con claros temblores en las manos, que a veces se transforman en espasmos. No hay que descartar la posibilidad de establecer una relación sólida, pero se enamoran enseguida; hay que huir de esa posibilidad como de la peste.

A los perritos que les den por culo.

Las niñeras. Puestos a tocar el tema de la carne, las niñeras, que pueblan con sus criaturas las zonas ajardinadas de nuestras ciudades, ofrecen muchas más posibilidades de maniobra.

Se ríen por todo y, a diferencia de las viudas, tardan tres días en abrir la boca.

El primero se hacen las sordomudas; el segundo las mudas, pero asienten a lo que se les pregunta, y el tercero y siguientes emiten monosílabos y potentes risas para que todo el mundo vea el acoso al que son sometidas, dejándote en evidencia delante de todo el parque.

Aunque remolonas y escandalosas, están dispuestas a todo. Saben llevar una relación clandestina, pero todo lo que se haga tiene que ser en presencia de los niños, a los que no se puede abandonar en ninguna parte. Curiosamente, los niños están todo el día a lo suyo, ajenos a lo que les rodea, hasta el momento en que te da por atacar a la niñera. En ese preciso instante, dejan lo que estén haciendo y con ojos como platos se quedan clavados delante de la pareja sin perder detalle de lo que se cuece. No en vano Freud definía a los niños como perversos polimorfos. Los primeros intentos son siempre frustrantes porque uno no se acostumbra a la insistente mirada, pero al cabo de unos días se pasa de los niños y de lo que haga falta...

La insultante actividad de los niños. Los niños sólo son soportables cuando son de uno. En otras especies animales, cuando las crías se separan de la madre, son víctimas de las iras de los que les rodean y, en muchos casos, terminan siendo devorados por miembros de la misma especie o de una vecina. En el hombre, esta espléndida costumbre se ha perdido. La consecuencia es que los niños hacen lo que les da la gana durante el día, y no paran de dar el coñazo a diestro y siniestro. Por eso, si en la circunstancia de la que hablábamos en el apartado de las niñeras, se les crea un trauma, no hay que preocuparse demasiado porque ya se vengan de la humanidad el resto del día.

Esta frenética actividad exaspera a los vagos, que no pueden evitar la sensación de que los niños actúan así para fastidiarles. De los habitantes de los parques, los niños constituyen sin duda la fracción más contaminante y bullanguera. A medida que pasan los años, se van haciendo omnipresentes. Acaban por comprarse pelotas y todo tipo de objetos supuestamente deportivos o lúdicos, con los que pueden molestar a distancia varios puntos espaciales a la vez.

Los niños son la causa de que muchos vagos abandonen la costumbre de acudir al parque por las mañanas, razón por la que las viudas entran en un estado de ansiedad que las lleva a consumir todo tipo de pastillas, acudiendo cada día más tarde a su cita con la zona verde hasta incluirse en la pandilla de los jonkies. Las niñeras se hartan de guardar ausencias y conceden la palabra a los pensionistas, que a su vez cuentan historias terribles a los niños para imbuirles el hábito del trabajo.

La actividad de los niños, en definitiva, acaba siendo la causa de la mayoría de los males que amenazan el equilibrio de la plácida vida matinal.

Loor al trabajo ajeno

Un espectáculo cobra protagonismo durante las absurdas horas de la mañana: EL TRABAJO DE LOS DEMÁS.

Es una norma común valorar aquello de lo que no somos capaces, y el vago, no pudiendo huir de este criterio, es un gran admirador del trabajo ajeno.

Si somos observadores, recordaremos cómo cualquier trabajo que se lleve a cabo en público tiene siempre una corte de espectadores. Las obras públicas de envergadura suelen estar rodeadas de vallas para evitar accidentes, pero estas vallas tenían unas ventanitas desde las que se podía observar a los trabajadores realizando sus funciones cotidianas. En la actualidad, estas vallas han sido sustituidas por otras prefabricadas y que no permiten ver absolutamente nada de lo que ocurre tras ellas. Desde este libro, hago una petición a los responsables de esta pérdida, que sin duda obedece a una falta de previsión, para que restablezcan el antiguo sistema y no priven a esta legión de *voyeurs* de tan sublime espectáculo.

Además, debemos tener en cuenta que el término «ocioso» es relativo. No podemos sentirnos ociosos en todo el esplendor de la palabra, si no tenemos una referencia en la que basar esta condición –no se es ocioso en esencia, sino más ocioso que... Para el ocioso es vital ver trabajar a su alrededor y apenas queda otro recurso que los escaparates, pero comoquiera que los vendedores son muy dados a la captación de clientes, se pasa uno el día evitando que le coloquen un producto que no le interesa lo más mínimo, para poder ser feliz.

El gozo en la contemplación del trabajo

La gran diferencia entre el vago y el resto de los espectadores que acuden a ver cómo trabajan los demás, reside en la actitud con la que se aproximan los distintos espectadores. Los metalúrgicos quedan maravillados por el progreso que ha experimentado la herramienta, los pensionistas se entusiasman al ver cómo las generaciones que les suceden continúan la labor que ellos iniciaron, los listos corrigen la forma en la que se ha planteado el proyecto, etc. Sólo el vago disfruta con la visión del trabajo ajeno. El vago cotiza el esfuerzo del trabajador por encima del fin que pretende el proyecto. El vago queda maravillado por la conjunción de todo el aparato locomotor puesto al servicio de una causa. Siente un placer infinito y se abandona al éxtasis iniciático que supone la suma de todos los trabajadores uniendo sus energías en una causa común. Como si presenciara la gran batalla final desde la colina, el vago se entrega a la contemplación de la mayor obra que puede crear el ser humano: EL ESFUERZO COLECTIVO POR HUIR DE LA DECADENCIA.

Alguien debe levantar este país

La historia de nuestros días se vive como si corriéramos detrás de un tren que nunca llegamos a alcanzar. Las etapas cubiertas no son suficientes porque no se consigue el fin último: el desarrollo.

La conciencia colectiva, frente a la idea de reconstrucción, tiene la sensación de vivir entre escombros. Esta sensación genera un estado de ansiedad del que no

saldremos hasta que no alcancemos ese tren que siempre se nos escapa por los pelos, pero que cada vez tenemos más cerca. Hay que culminar la obra de nuestros antepasados. Tenemos que levantar este país.

Por desgracia, el vago no puede participar en esta maravillosa misión histórica, ya que si no es capaz de levantar su propio cuerpo cada mañana, menos aún toda una nación; pero no por eso considera que la obra es inútil. El vago nunca se revela contra aquello que le es inaccesible, sino que se muestra un entusiasta del proyecto y anima a los demás a que no cejen en el empeño de construir un mundo mejor. Por eso, abriendo su garganta y apoyándose con solidez en el diafragma, grita potentemente a los cuatro vientos: «¡Frente al proyecto de reconstrucción de este país! ¡Frente a la deuda contraída con nuestros antepasados! ¡Por respeto a los siglos que nos contemplan! ¡¡¡Uníos!!!».

Ahora, disculpadme, pero no me encuentro del todo bien.

Sé lo que es trabajar

En muchas ocasiones se ha cuestionado mi criterio sobre el trabajo, partiendo del principio de que nunca he estado empleado.

En primer lugar he de responder que eso no es del todo cierto, pero en cualquier caso, tengo derecho a opinar aunque mi visión del trabajo no interese a nadie. Es más, creo que mi opinión es mucho más científica y objetiva que la del que siente el trabajo en su propia sangre y sufre las consecuencias de dicha aberración. Precisamente, por no tener que someter mi espíritu a un proceso de autodisciplina como el que implica el pertenecer a una plantilla, por no verme obligado a la alienación necesaria para entregar nuestra vida a una empresa que no nos reporta sino el salario justo para no morir de hambre, puedo ver el mecanismo a vista de pájaro, sin sentirme implicado en absoluto. Cuando digo que siento una profunda admiración por el trabajo, sé lo que digo. Cuando reivindico el mérito que tiene el esfuerzo que requiere llevar a casa los jornales, estoy hablando por derecho. ¡YO SÉ MUY BIEN LO QUE ES TRABAJAR PORQUE LO HE VISTO!

Un almuerzo merecido

Tras las horas de esparcimiento en los parques, los ratos de admiración frente al trabajo, y los períodos de reflexión frente a lo visto, debemos dar paso a las necesidades del cuerpo que, como sabemos, es el vehículo del sistema nervioso central y no debemos descuidarlo.

Todo no va a ser dedicarse a los demás. El vago piensa de vez en cuando en sí mismo. Sin gran sacrificio, el vago abandona su actividad interior para satisfacer su apetito que, en general, es sorprendente, y demuestra que la actividad intelectual desgasta tanto como cualquier otra. Con qué alegría se dirige el vago a la mesa. Con qué respeto se aproxima a los alimentos. Con qué deleite ingiere todo lo que se le pone a mano. Siempre que nos encontremos con un comensal de estas características podemos decir que estamos frente a una persona sin problemas de conciencia. Si recordamos la actividad desarrollada durante las horas de la mañana, reconoceremos, y el vago el primero, que es un almuerzo merecido.

Comer es necesario

Aunque el vago no le saca un rendimiento especial al cuerpo, salvo para actividades que se salen de los márgenes de este libro, lo respeta sobremanera.

Las pautas de mantenimiento que sigue el vago difieren de las que están en uso en la actualidad. Cuida su cuerpo, pero no le rinde el culto que pretenden los que se llaman a sí mismos profesionales, y que constituye una labor de esclavitud y sometimiento para aproximarse a unos parámetros estándar –peso, medidas...– en los que se supone que debe mantenerse el hombre moderno.

El vago se rige por los principios que le marca su propio criterio. Si el hombre moderno no es más libre que el antiguo –y ser libre significa que tiende a reivindicar su condición de individuo–, y se somete a unos sacrificios absurdos para formar parte de una estética oficial regido por la moda, yo no tengo el menor interés en ser moderno; no quiero ser uniforme, quiero ser libre. Sitúeme el observador en el siglo que prefiera.

Comer es necesario. Pero sólo los animales comen cuando tienen hambre y con el único fin de saciar su apetito.

Las personas «humanas», conscientes de que el cuerpo forma una unidad con el sistema nervioso, le dan el combustible necesario, pero hacen de ello un arte. No podemos dar la espalda a siglos de gastronomía sólo porque los fabricantes de instrumentos de tortura hayan reconvertido su industria, y funden gimnasios pretendiendo someternos a sus sádicos conceptos de lo que debe ser la vida del hombre de hoy.

Si comer es necesario, comamos. Pero comamos en paz.

La mesa es cultura

La mesa es uno de los campos de realización del vago. Comiendo, bebiendo, opinando con moderación –la conversación no debe restarle protagonismo a la comida–, sabiendo que no ha de faltar lo necesario, el vago se siente feliz.

Los comensales son importantes para tener una comida en paz, y acorde a nuestra categoría.

Cuando satisfacemos nuestras necesidades primarias tenemos más contacto con nuestras reminiscencias atávicas y afloran con mayor intensidad nuestros instintos. La educación, que no es otra cosa que una doma de los instintos, delata al bruto en estos momentos. Uno puede ser un ignorante y vivir en la caverna, pero ser amable en la mesa.

La comida es siempre más interesante que los comensales. Uno puede ausentarse de la conversación si no le interesa, y dedicarse a comer; pero si la comida no es buena, sólo queda la posibilidad del ayuno y no hay consuelo espiritual ni brillante disertación que sustituya la pitanza. Siempre que nos inviten a comer, debemos preguntar «¿dónde?», y nunca «¿con quién», porque nuestra inteligencia nos preservará de los plastas o de los enemigos.

La inteligencia humana se materializa de forma incuestionable en el cálido amor con que se confecciona una buena receta de cocina. El que ante los ojos de un cochinillo no comprende que cientos de siglos de tradición gastronómica le contemplan, merece pasar el resto de sus días rumiando contra la pared.

> ¡CUÁNTAS VECES SE LE HAN SALTADO LAS LÁGRIMAS AL AUTOR ANTE LA CONTEMPLACIÓN DE LAS CANALES DE UNOS LECHONCILLOS FRENTE AL ESCAPARATE DE UN RESTAURANTE!

El sistema americano, que reivindica por encima de cualquier otra virtud la competitividad, ha logrado que su gente admita como válida una dieta compuesta principalmente por hamburguesas –que son como el filete ruso, pero sin especias ni gracia– y crema de cacahuete –alimento esencial en la dieta de los monos. Extraiga el lector sus conclusiones, ya que el autor se deprime sobremanera cuando recuerda cómo se van imponiendo las costumbres del imperio.

No debemos olvidar que la alegría de la buena mesa y

la armonía con la que se disfrutan esos momentos, justifican por sí solos la existencia del hombre. La única diferencia entre el hombre y las bestias de carga o, por ser más modernos, las máquinas, estriba en la alimentación. El alma puede definirse como la capacidad de utilizar cubiertos.

La alabanza gastronómica como estímulo para el cocinero/a

No podemos pasar por alto a la persona que nos proporciona tan inconmensurables placeres. Cuando estemos invitados en una casa, no debemos escatimar ningún elogio a la comida. Todo lo que probemos será ensalzado como el mejor de los manjares, aunque se trate de conservas de marca.

Con frecuencia, las comidas se convierten en disertaciones tremendas y se olvida a la persona que ha cocinado. Incluso se ha puesto de moda la comida de trabajo para privar a los empleados de los ratos de asueto en los que podrían pensar por su cuenta. Por nuestra parte, entendemos que mezclar el trabajo con cualquier necesidad fisiológica –sea comer, defecar o estornudar– constituye una usurpación de un derecho incuestionable reconocido por las culturas más explotadoras. Renunciar a él sin luchar, es hacer el imbécil.

El vago, enemigo de estas costumbres importadas, siempre estará pendiente de la persona que le ha preparado el yantar, no sólo al despedirse como marcan las reglas de urbanidad, sino cada vez que prueba un bocado. El cocinero o cocinera, siempre estarán encantados de sentar a su mesa a una persona que dice apreciar las horas que la buena cocina requiere. Con esta sencilla y gratuita forma de proceder habremos captado un colaborador. Tendremos una persona dispuesta a trabajar para nosotros por afecto. El cocinero hará lo que más le gusta, y nosotros daremos sentido a su vocación. ¿Hay algo que valga más en el mundo que una sincera amistad?

Después de comer, ni un sobre leer

Durante la digestión la sangre baja hasta el estómago y los intestinos. Como todos sabemos, la cantidad de sangre del ser humano es fija, y este incremento en el aporte sanguíneo a zonas donde se desarrolla una actividad frenética, se realiza a costa de privar a otras regiones de su flujo habitual. Las zonas más afectadas son el cerebro y los músculos. En este estado de cosas, pretender llevar a cabo una actividad física o intelectual es desafiar las más elementales leyes de la naturaleza.

El vago no tiene problemas en este sentido porque nunca se le hubiera ocurrido trabajar a esas horas. Este apartado aclarará a muchas personas su falta de rendimiento después de una comida copiosa. En cualquier caso, nuestra tradición ha previsto un resorte que ahora parecen recomendar los médicos de todo el mundo: LA SIESTA.

La siesta

La siesta es una tendencia natural a dormir después de la comida del mediodía.

Existe otro tipo de costumbre, tan sabia como la anterior, que se ha dado en llamar «la siesta del carnero», y que es la cabezadita que se echa uno antes de la comida.

Debido a la unión de las culturas árabe y mediterránea, nuestros paisanos abordan la vida con un concepto muy elevado del individuo. En otro tiempo, cuando existían librepensadores porque los medios de comunicación no habían creado la moral común y única para todos, el hombre adquirió una serie de hábitos que hoy se consideran caducos por el simple hecho de que no son productivos. Para los que vivimos al margen de la productividad y consideramos la vida no como una obra pendiente, sino como un viaje irrepetible, todas estas tradiciones tienen mucho valor. La siesta es uno de los ritos sagrados que deben permanecer, no sólo como parte integrante de nuestra cultura, sino como un criterio de salud de primera magnitud.

No pretendemos ser dogmáticos. El que prefiera dedicar esas horas al trabajo, el deporte o cualquier tipo de actividad violenta propia de nuestros días, que lo haga, pero que respete el descanso de los demás.

Los empleados terminan su jornada. Comienza la nuestra

Al caer la tarde, la mayoría de la población termina su jornada. Es el momento de tomar una buena ducha e incorporarse al mundo que nos rodea.

Ya sin gafas de sol, podemos salir al encuentro de nuestros semejantes para tratar de temas profundos. Con la mente serena, relajados, apareceremos radiantes ante un auditorio somnoliento que se empeña en comentar las noticias del día. De nuevo ocultaremos la falta de interés que la opinión de nuestros contertulios nos produce. ¡Por qué todo el mundo se empeña en que el vecino se entere de lo que piensa, cuando se llevan años diciendo lo mismo! Tampoco puede esperarse mucho más de unas personas que han entregado lo mejor que tienen al pozo del trabajo, y que llegada la noche se encuentran exhaustas. Seamos condescendientes y asintamos. Mantengamos la amistad de los seres a los que nos hemos acostumbrado, porque a pesar de que consideran nuestro privilegio una lacra, en el fondo nos quieren. Nunca llegarán a comprendernos, pero no es necesario. Alguien tiene que levantar este país.

La vitalidad nocturna

Los que piensan que los vagos no son personas activas, no les han visto nunca de madrugada. Es precisamente cuando los demás se encuentran hechos polvo, cuando el vago parece tener una fuerza interna que le convierte en un ser inagotable. Su energía es el motor que anima todas las reuniones. No hay razones mágicas, lo que pasa es que por fin le vemos en su medio natural. Su organismo está programado para vivir en este hábitat y a él se entrega el vago sin ningún tipo de condicionantes.

La bebida es cultura

La vida de noche no se entiende sin alcohol. A veces hay que prescindir de él porque el médico nos asegura que es una cuestión de vida o muerte y nos convierte en abs-

temios. Cuando llegamos a este punto dejamos poco a poco de salir por la noche y cada vez nos acostamos más temprano, dando preferencia a la mañana, con lo que cobra protagonismo dentro de nuestra vida la sección dedicada al parque.

En cualquier caso, sabemos que la bebida es cultura. Como ocurre con la comida, beber para saciar la sed es un hecho tan natural que hasta los gorrinos lo practican. El rasgo distintivo de los seres superiores reside en su capacidad para evitar beber agua, y convertir esta necesidad en un placer sublime. La destilación de los distintos licores y aguardientes, es uno de los procesos más importantes en la historia de la humanidad. Sin entrar en la importancia sociológica del suceso, en la cantidad de familias que viven de la fabricación de estos productos, en lo enraizado que está en la esencia misma de nuestra tradición, hay que reconocer que el hombre, con su afán perfeccionista, ha llegado a fabricar maravillas dentro del género.

Una botella de vino de una buena cosecha, no es sólo el líquido que contiene; es también cientos de años de investigación, de amor, de entrega, de aspirar los elementos esenciales de las entrañas de la tierra. Una botella de vino es el paladar del hombre, que botella tras botella, generación tras generación, ha sabido transmitir a sus descendientes el placer de empapar las mucosas que recubren la boca con tan exquisito líquido, y celebrar con él los acontecimientos más importantes de su vida, o acompañar las penas que le estrechan el corazón.

La cultura no es más que una serie de referencias que nos hacen apreciar lo que nos rodea o distinguir lo que vemos, más allá de lo que permiten los órganos de los sentidos.

El que no sabe encontrar cultura en una buena botella de vino, que no la busque en los libros. Le está vedada. Sólo puede aspirar a rellenar su banco de datos y convertirse en un erudito o en un necio de salón.

Sírvame otra copa de lo que usted quiera. No soy dogmático.

Un pasado rico en experiencias

Llega un momento en la vida de un hombre –que suele ser a partir de la tercera copa– en el que debe mostrarse tal cual es. Cuando se alcanza determinada edad, las veladas nocturnas pueden degenerar en psicodramas porque el ciudadano medio sufre mucho durante la jornada. Sin embargo, el vago se hace más simpático con la edad. La función terapéutica que apuntábamos al principio del libro, que es la esencia de la relación simbiótica que el vago mantiene con sus colaboradores, cobra sentido cuando nos convertimos en personas y abandonamos los personajes que interpretamos durante la jornada. Los supuestos triunfadores y agresivos ejecutivos se convierten en seres frustrados y depresivos, mientras que los vilipendiados vagos se transforman en hombres cabales, dueños de sí mismos y admiradores incondicionales de la vida y sus posibilidades.

Los que consagran su vida al trabajo se convierten en piezas del engranaje hasta tal punto que aislados no tienen ningún valor; sólo cobran sentido encajados dentro de la máquina. Dejan de disfrutar de los ratos de ocio porque no quieren enfrentarse a la dura realidad de la despersonalización a la que han llegado.

Los vagos son felices cuando les dejan ser ellos. Acumulan experiencias y la vida se convierte en algo maravilloso porque se van enriqueciendo día a día y su vejez suele ser espléndida por la cantidad de recuerdos entrañables que les acompañan. La frustración de un profesional culmina con la jubilación. Cuando a los especialistas se les saca de la máquina les sobreviene una depresión incomprensible: SE SIENTEN UN DESECHO social, sólo porque no se les obliga a trabajar.

Absurdo, incomprensible y demencial.

Respeto al cansancio ajeno

La edad no perdona y la vida nocturna cada vez es más incompatible con la actividad laboral. Si además debemos competir en productividad con los jóvenes, tenemos que esforzarnos el doble para estar a la altura de lo que la empresa espera de sus empleados. La consecuencia es que salimos del trabajo rendidos. Cuando llega la noche y el profesional se reúne con sus amigos, apenas le quedan fuerzas para disculparse y retirarse a descansar.

La importancia de acceder a un puesto intermedio –con una remuneración baja y sin posibilidades de ascenso– está en que nos salimos del *ranking* de productividad y podemos dedicarnos a nosotros incluso en las horas de trabajo. Hay que cotizar los puestos de trabajo creados para mediocres porque en ellos está la salvación.

Cuando vemos a nuestros compañeros –que casi siempre son nuestros superiores– rendidos, apoyados en la barra pidiendo disculpas porque tienen que retirarse a causa de su agotamiento, debemos ser respetuosos y caritativos. Respetemos el cansancio ajeno, porque la única satisfacción que les queda a los profesionales cuando terminan la jornada es el reconocimiento de su esfuerzo y su entrega para incrementar el patrimonio de sus jefes. Aunque sea cruel, felicitémosles; no cuesta trabajo y a ellos les hace muy felices. «Es que trabajas demasiado. Cuánto te envidio. Qué sería de la empresa sin ti...», etc.

Dormir es cultura. La cama es un arte

Si la cultura del ocio no goza de ningún prestigio en nuestros días, la del sueño se considera una aberración. En ninguna empresa le dejan a uno dormir tranquilo, sin molestar a nadie. En algunos casos, empleados que tienen cierta propensión al sueño, han sido despedidos sólo por este hecho.

Las personas que duermen con facilidad son de una categoría humana excepcional.

Dormir requiere una serie de factores que no se encuentran en cualquier individuo. En primer lugar hay que tener la conciencia tranquila. Las perturbaciones éticas en personas que viven de espaldas a sus criterios morales son el principal enemigo del sueño.

El segundo enemigo natural del sueño es el estrés. El agobio, la angustia, la impotencia de enfrentarnos a un cometido que no podemos abordar nos roban las horas de sueño.

La inseguridad, las hipomanías, los estimulantes artificiales... etc., nos impiden conciliar el sueño y, especialmente, en horas de trabajo.

Desde aquí hago una llamada a la inteligencia de los empresarios y gerentes para que comprendan que cuando descubran entre sus empleados a un hombre con cierta propensión al sueño, tienen frente a ellos a un hombre honrado, capaz, tranquilo y dispuesto, que da categoría a la empresa pues demuestra estar tan a la altura de las circunstancias que es capaz de ignorarlas. Reflexione antes de despertarle, y lejos de echarle la bronca, llame al resto de sus empleados y mientras su fiel colaborador ronca levemente, repita estas palabras: «Señores, tenemos ante nuestros ojos la imagen de un hombre bueno. Este empleado es dueño de sí mismo. Que alguien se encargue de hacer su trabajo. Nos sentimos orgullosos de tener personas de este nivel humano en nuestra empresa. Pueden retirarse».

Ya hemos recorrido todas las etapas que tiene el día y debemos retirarnos a descansar.

Que dormir es cultura, nadie lo pone en duda. La cultura no es otra cosa que una herramienta que nos sitúa en el mundo que nos toca vivir con las suficientes referencias como para que seamos dueños de la situación en cada uno de nuestros movimientos. Dormir es uno de ellos.

Cuando vemos a un hombre durmiendo, no debemos olvidar que está desarrollando una actividad psíquica muy importante. Durante el sueño, hay una lucha constante entre el consciente y el inconsciente, en donde pagamos con derrotas oníricas en forma de pesadillas todos los actos que hemos ejecutado en contra de nuestros principios. La cultura es esencial para levantarse relajado habiendo vivido una experiencia onírica rica y gratificante. El grado de satisfacción que nos produce el sueño está en relación directa con el nivel cultural del sujeto que duerme. Se crea una espiral en la cual el hombre bueno tiene una actividad mientras duerme que le enriquece la psique, que a su vez le ayuda a vivir durante las horas de vigilia, que le reportarán una actividad onírica positiva, y así sucesivamente.

La cama es un arte que le reserva al ser humano una cantidad de placeres ilimitado. Aunque la mayoría de los lectores se están imaginando la cama como receptor de fantasías sexuales, existe todo un mundo de sensaciones al margen de compartir el lecho con la persona que deseamos.

La cama permite todos los movimientos y posturas que durante el día nos están vetados. También las descargas fisiológicas que tenemos que reprimir cuando estamos en sociedad. Es un regreso al útero materno. No hay nada tan gratificante para el individuo psíquicamente sano, como una convalecencia en cama.

La cama es el receptor universal, el anhelo del viajero, del caminante fatigado; es el cobijo del solitario, del acompañado y de las multitudes.

La cama es el instrumento de descanso y, como tal, constituye el altar ante el que se rinde el vago.

Hagamos de nuestra vida una gran cama, en la que reposar sin sobresaltos.

RIESGOS Y MISERIAS

Un arma de doble filo

La natural tendencia del vago a eludir los excesos físicos le mantiene en un estado de alerta constante. En muchos casos, el hecho de evitar un trabajo que no esté a la altura de nuestras posibilidades o que rebase nuestras ambiciones, supone un trabajo en sí mismo.

El acoso sufrido por la dinámica social –hambre, acreedores, falta de consideración...–, obliga al vago a buscar alternativas. Estas no son sencillas, pues debido a la escasez de puestos de trabajo, la posibilidad de pertenecer a una plantilla se considera un privilegio.

Dar salida a las tensiones es necesario para evitar que crezcan los fantasmas que creamos en situaciones de angustia. Los lapsus de trabajo tienen una doble misión terapéutica; por un lado liberan estos componentes patógenos, origen de represiones y alteraciones psíquicas, y por otro nos reafirman en nuestra posición y reavivan la fe en nuestros principios, porque el simple contacto con el trabajo nos confirmará lo que la teoría nos anunciaba: NO ESTAMOS CAPACITADOS PARA DESEMPEÑAR UN PUESTO DE PESO O DE RESPONSABILIDAD.

Estos períodos laborales constituirían los ejercicios espirituales del vago.

No debemos ser dogmáticos. Si rehuir el trabajo nos supone mayor esfuerzo que la oferta laboral, trabajemos. Demostrémonos que no somos capaces.

Cómo rechazar la tentación del trabajo

Por un mecanismo desconocido, son muchas las ocasiones en las que un vago se verá sometido a la tentación del trabajo a lo largo de su vida. En unos casos será su propio metabolismo el que lo exija, del mismo modo que los perros comen hierbas venenosas para purgarse; pero en otros, esta tentación es consecuencia de caprichos gratuitos que sólo conducen a crear malos hábitos y vicios laborales perniciosos.

El vago deberá distinguir en cuál de los casos se encuentra para aceptar o rechazar la tentación.

En el caso de que la conclusión sea el rechazo, el vago no se verá enfrentado a un problema grave ya que se le supone una gran experiencia en el campo de ignorar ofertas, pero todos somos susceptibles de ser asaltados por una crisis más fuerte de lo previsto, frente a la que no tenemos argumentos suficientes. Voy a dar una serie de consejos para estos casos, extraídos de mi experiencia durante los múltiples acosos a los que he estado sometido.

Evitar factores de riesgo

En primer lugar, debemos apartarnos del punto de mira. Hay que evitar las situaciones en las que podamos ser considerados como disponibles, interesados o capacitados para llevar a cabo una tarea.

a) En el puesto de trabajo no hay que demostrar ningún tipo de preferencia o habilidad porque corremos el riesgo de que los demás reconozcan nuestro mérito y nos conviertan en especialistas, quitándose de encima una obligación al crear una vía de derivación.

b) También hay que evitar los espacios en que se puedan plantear situaciones de emergencia que, lejos de requerir mano de obra especializada, puedan ser resueltos por el primero que pase. Las urgencias sólo conducen a estados hipercinéticos, estresantes, desenfrenados y de violencia física. En estos casos se contagia un furor productivo que contradice nuestra constitución metabólica. Si entramos en ese juego, podemos acabar haciendo cualquier cosa, lo cual constituye un atentado grave a los principios que conforman nuestra esencia.

c) No hay que mirar jamás a los ojos de los jefes cuando se aproximan a nuestro lugar de trabajo, pues en cualquier momento te pueden mandar a un recado. La conversación innecesaria con los superiores sólo conduce a trabajos extra y preguntas indiscretas sobre tu interés en la misión que te corresponde. Te verás obligado a mentir al declarar una vocación inexistente.

PARA MANTENER TU EQUILIBRIO
LABORAL, IGNORA A TUS SUPERIORES

d) Si se desarrolla un trabajo de oficina, el aspecto de la mesa es fundamental. Una mesa ordenada y limpia es señal de un alto rendimiento y una excepcional capacitación. Mantener nuestro puesto de trabajo en perfecto desorden y con acumulación de faena, resta fe a los compañeros de trabajo con respecto a nuestra cualificación. Con el tiempo, la desconfianza será absoluta y derivarán los trabajos importantes en otra dirección. Ellos consideran ofensivo restar responsabilidades y lo harán de forma clandestina. No obstante, notarás que cada vez te mandan menos faena. Nunca preguntes por qué:

MANTÉNTE AJENO A LA DISTRIBUCIÓN DEL TRABAJO

e) En ocasiones hay reacciones negativas frente a nuestra manera de abordar el trabajo. No hay que polemizar. Asiente con cara de circunstancias frente a los envites de los compañeros y creerán que tienes problemas. En la mayoría de los casos conseguirás que te ayuden a sacar adelante tu trabajo. Si das la razón al que te cuestiona, se convertirá en un colaborador o, por lo menos, no trascenderán tus cualidades que, como sabes, siempre serán objeto de ira y envidia por parte de los que no te comprenden.

Maniobras tácticas

Cuando la oferta de trabajo es clara y directa, debemos tener un período de tiempo para reflexionar antes de tomar una decisión de la que podemos arrepentirnos toda nuestra vida. Una serie de sencillas maniobras nos confirmarán si nos interesa aceptar la oferta o si estamos cegados por el resplandor del supuesto triunfo. Las felicitaciones de los compañeros, las palmaditas en la espalda y los homenajes, son una trampa equívoca que nos aparta de la decisión inteligente y de la coherencia inquebrantable.

Si tras realizar las maniobras que vamos a enumerar

seguimos interesados en la oferta laboral, podemos aceptar con la tranquilidad de saber que hemos hecho todo lo que estaba en nuestra mano por evitarla. Por mi parte, puedo asegurar que no me han fallado jamás, y que nunca ha sido necesario que las realizara todas.

1) **Baño caliente.** Aleja la euforia del momento. Relaja y permite pensar. Al intentar abandonarlo, nuestro cuerpo se resistirá; ese es el momento preciso para considerar la oferta.

2) **Herramientas de plomo.** Un juego de herramientas de plomo resulta muy práctico cuando sobrevienen crisis de realización a través del trabajo. Se hacen unos cuantos ejercicios con el pico o con la llana, y la crisis desaparece de forma fulminante.

3) **Páginas de sucesos.** En estas páginas siempre aparecen varios accidentes laborales que aportarán datos en contra de la vida que queremos emprender.

4) **Escuchar el sonido del despertador.** Hacer sonar el despertador cuando estamos a punto de conciliar el sueño durante varias veces seguidas, nos muestra la realidad de la aberración que queremos aceptar.

5) **Observar la cara de los que se incorporan a sus puestos de trabajo.** Tras una jornada de reflexión y borrachera nocturna, pasear frente a las paradas de los autobuses o de las bocas del metro para ver de cerca la realidad de la gente que se dirige a sus puestos de trabajo suele ser de una eficacia sorprendente. Por solidaridad con los que sufren, disfrutaremos de una prórroga reflexiva.

6) **Observar la cara de los que salen de sus puestos de trabajo.** Similar a la maniobra anterior, su eficacia se multiplica cuando ambas se realizan seguidas. Si acudi-

VAGO RESOLVIENDO A TIEMPO UNA CRISIS DE IDENTIDAD FRENTE AL ESPEJO DE SU CASA.

mos a la salida de una fábrica, de unos grandes almacenes, o de cualquier empresa que no nos obligue a desplazarnos mucho –hay que recordar que estamos ante una experiencia científica, no ante una penitencia–, veremos que los rostros de los trabajadores no han experimentado ninguna mejoría desde la mañana, cuando ficharon a horas intempestivas. Esta expresión de terror y decaimiento debe servir como testimonio de los protagonistas del suceso laboral. Si no es suficiente para quitar las ganas de trabajar a un vago medio, es que la crisis es realmente grave.

INGRESA EN LA UNIDAD DE AGUDOS
MIENTRAS ESTÉS A TIEMPO

Medidas drásticas

Rehusar un ascenso o un puesto de trabajo favorable, tal y como están las cosas, puede enemistarnos de forma irreversible no sólo con el que nos lo ofrece sino también con todos los compañeros, amigos y familiares. Nunca digas: «No me interesa». Oblígales a que sean ellos los que renuncien a la oferta porque además de librarte del trabajo, tu consideración social aumentará de manera sorprendente.

Las medidas, como el resto de la información contenida en este tratado, son meramente orientativas. Hay que aprovechar las experiencias de nuestros antepasados y no permitir que su esfuerzo haya sido en vano. El autor delega en el lector la responsabilidad de adoptar cualquier otra de su propia invención.

a) **Exigencias salariales.** La más sencilla y eficaz de las soluciones es plantear una remuneración que represente el triple o el cuádruple de lo que nos van a pagar. Se corre un riesgo y es que acepten nuestra petición, con lo que nos quedaríamos sin argumentos y nos veríamos obligados a aceptar la oferta. En última instancia, siempre podemos simular un accidente o alegar problemas psíquicos.

Renunciar a un puesto de trabajo por razones de salario, confiere una categoría sorprendente. A partir de ese día, aunque estemos en paro, pasaremos a figurar entre los mejor pagados del gremio.

b) **Problemas sentimentales.** Una fórmula muy eficaz aunque más arriesgada que la anterior, es decirle al superior que no podemos aceptar la oferta porque estamos profundamente enamorados de su mujer. Lo normal es que el jefe se indigne, pero que aprecie la sinceridad con la que nos hemos expresado. En cualquier caso, intentará apartarnos de su presencia y renunciará a insistir en el tema por un doble motivo:

1) Porque esté enamorado de su mujer y vea en nosotros a un competidor.

2) Lo normal es que nos tome por un loco peligroso. Conociendo a su señora –como él la conoce–, se escapa a todo raciocinio que alguien pueda estar enamorado de ella.

En cualquier caso, alguien capaz de enamorarse de su mujer no merece estar en su empresa. Sin duda es un pervertido.

c) **Problemas de conciencia social.** Si la situación es

realmente comprometida, hagamos todo un discurso de reivindicación social en el que podamos incluir seguridad en el trabajo, exceso de horas, explotación del empleado, plusvalía exagerada, etc.

Si ponemos a parir a nuestro jefe en sus propias narices, habremos logrado nuestro propósito porque no insistirá en que aceptemos el trabajo. Además, si tenemos razón en lo que decimos y la situación de la empresa es descaradamente ilegal, es posible que nos ofrezca una indemnización a cambio de que desaparezcamos de allí.

FRENTE A LA CAPTACIÓN,
RADICALISMO PROLETARIO

d) **Problemas de salud.** En último caso, siempre podemos recurrir a la salud. En cualquier hospital de infecciosos podemos obtener muestras de orina que llevaremos a analizar como propias. No suele fallar. Si lo planeamos bien, podemos llegar a conseguir la incapacidad absoluta, que nos permitiría cobrar de por vida sin volver a trabajar.

Las nuevas tendencias estéticas

Por si no fuera suficiente persecución cuestionar la actitud moral, cada vez cobra mayor importancia el atuendo, la musculatura y la arrogancia física. Un parámetro ha cobrado especial importancia a la hora de evaluar a un ser humano: LA SALUD.

Al que no tiene una salud de hierro, se le rebaja automáticamente a una categoría humana inferior y se le echa en cara su degradación. ¡Como si alguien tuviera vocación de enfermo!

Nos guste o no, parece que la tendencia es conseguir una raza superior de gigantes musculosos que no beban alcohol, no fumen, tengan un vocabulario refinado y lleven encima la mayor parte de su patrimonio en forma de lociones, geles, mascarillas, vestuario, complementos, relojes, y todos los signos de poder que pueden adornar un cuerpo y encubrir una subnormalidad. Nadie valora la inteligencia. Los hombres y las mujeres objeto son felices en su estupidez colectiva. Aunque resulte increíble, este es el modelo social predominante, y el que no lo asuma y lo haga suyo será tachado de decadente, marginado, y se le negará la posibilidad de participar en esa «NADA» oficial que se presenta como «el signo de nuestro tiempo».

Poco podemos esperar de un modelo social que tiene en las ratas de la banca sus héroes. La estupidez generacional entra en trance cuando se asoma a la pecera donde están inmersas estas pirañas de colores.

Nosotros también podemos hacer gala de una estupidez natural tras unos meses de entrenamiento. Sólo debemos seguir una serie de pautas que nos abrirán las puertas del paraíso.

Los gimnasios

Son los nuevos templos donde el mediocre ciudadano adquiere el pasaporte para la actualidad. Detener el paquete abdominal, ensanchar el cuello cuatro o cinco tallas intentando que nazca en las orejas, ensanchar las espaldas, etc., es una tarea muy complicada pero importante. El sacrificio físico, que lejos de ser remunerado nos cuesta dinero, demuestra un interés y un espíritu militante que al autor le resulta imposible justificar. Estos espacios, que antiguamente estaban reservados a los profesionales, han sido ocupados por jóvenes y adultos de todas las condiciones sociales. Para distinguir las clases sociales dentro de un mismo recinto, se han inventado ejercicios que sólo pueden ser practicados por los más ricos, con lo cual podemos formar microclubes dentro de los clubes. Así estaremos juntos, pero no revueltos.

Cuando disponemos de un cuerpo acorde a nuestra categoría social y a nuestro tiempo, nos sentimos orgullosos de nuestra obra. El culto al cuerpo ha sustituido al culto del alma. Parece que el hombre está obligado a rendir culto a lo que se tercie, menos al descanso.

La inquisición ya no es necesaria. El ser humano ha aprendido a castigar su cuerpo él solo. Enhorabuena.

Las dietas

Otro de los inventos del hombre moderno consiste en llevar una contabilidad exacta de las calorías que ingiere en cada momento, para evitar que la comida se convierta en un placer y sea una llamada constante a la conciencia. Cada bocado implica un sentimiento de culpa que resta valor a su riqueza gastronómica y a su capacidad de estimular las papilas gustativas.

El fin, como en el caso de los gimnasios, es aproximar las medidas de nuestro cuerpo a las del atleta que anuncia turrones en Navidad. Desde luego, hay que reconocer que el sacrificio no es en vano, sino por una causa justa.

El alcohol es lo primero que debemos suprimir.

Lo que no ha logrado ninguna religión y ningún sistema político con todos los aparatos represivos de su lado, lo ha logrado el hombre, probablemente porque nadie se lo prohibía. Estas actitudes modernas dejan entrever un marcado carácter masoquista. La necesidad del sacrificio y de la disciplina.

Los hoteles más caros son clínicas que simulan antiguos balnearios donde tomaba las aguas la tercera edad. En Marbella, existen unas instituciones donde te tratan como en un sanatorio de tuberculosos, prohibiendo la bebida, el tabaco, etc., y te dan de comer lo mismo que les echan a los pollos de las granjas vecinas, por unos precios astronómicos. La diferencia con respecto a los hospitales del tórax radica en que aquí llegan los pacientes sin diagnóstico previo, por el simple placer de estar ingresados.

Personalmente, yo sufro bastante viendo cómo se sacrifican los demás. Creo que mi aportación a este valle de lágrimas con mi solidaridad distante, es suficiente. Esperemos que esta abstinencia voluntaria desequilibre la ley de oferta y demanda y produzca una considerable bajada del precio del vino. Si esto es así, tendréis en mí un devoto admirador de vuestro sistema de vida.

Como sencillo ejercicio, y valiéndoos de las tablas de calorías que podéis encontrar en cualquier revista del corazón, calculad la cantidad de calorías por kilo que aporta un cocido madrileño, teniendo en cuenta que toda la grasa es de cerdo y que la pringá se apura a fuerza de pan.

La moda

La moda es un término estadístico que define el gusto mayoritario. Cuando hablamos de vestimenta, pensamos en el gusto que tendrá la mayoría, una vez que la vanguardia les imponga su criterio. La moda incluye una forma de vida acorde a un *estatus*. Los gimnasios y las dietas forman parte de la moda.

Ser vanguardia en la moda no siempre es sencillo, ni siquiera recomendable. Uno de los fines de la moda es destacar de la mayoría ambiente, por plantear un criterio estético de dudoso gusto que sólo unos pocos se pueden permitir. Efectivamente, sólo un pequeño sector de nuestra población puede permitirse el lujo de hacer el ridículo de forma reiterada sin cometer un suicidio social. Si la punta del iceberg reconoce un criterio estético como válido, la población tendrá que asumirlo y en el espacio de uno o dos años todos irán uniformados con las pautas que marquen los modernos de turno.

Mi consejo es que no conviene entregarse a la moda con demasiado entusiasmo, porque es sabido que lo que nace con la moda muere con ella. Hacer nuestras todas las modas que nos toque vivir, conduce a un proceso de despersonalización que acepta cualquier cosa como válida siempre que nos distinga de la masa. El peligro es que podemos caer en un estado de imbecilidad que sea, precisamente, el que nos distinga de la masa.

Hay que tener claro que donde estemos nosotros estará la presidencia. Las modas y las costumbres pasajeras son un espejismo. Si hay que seguir un modelo, que sigan el nuestro. La otra posibilidad es salir a la calle con pantalones de ciclista. Elija el lector lo que más le convenga.

La vida social

La vida social es esencial en la existencia del vago. Ya hemos visto cómo la dependencia de los colaboradores para la supervivencia convierte las relaciones sociales en un fin.

Existe una tendencia natural a confundir la vida social con el zoológico marbellí. El bochornoso espectáculo que ofrece la llamada *jet society*, y que sería mejor llamar hez society, nada tiene que ver con este apartado. Los profesionales de esas veladas en las que se alquilan los cuerpos a los reporteros del corazón, son especialistas y, por tanto, la antítesis del vago tal y como lo concibe el autor. Muchos lectores dirán que la mayoría de los miembros de la *jet* no hacen nada, y se equivocan. Es cierto que no tienen ningún oficio reconocido, pero tenemos que admitir que son profesionales. Comercian con su cuerpo y, por un pequeño plus, con su alma. Es un oficio muy antiguo, sólo que en este caso se incluye la posibilidad del matrimonio. En vez de la antigua carrera, el nuevo rico o rentista gagá, puede adquirir unos apellidos sustentados por un buen chasis, con la garantía de que la hembra adquirida se exhibirá encantada y garantizará las relaciones socioprofesionales del comprador.

El vago entiende la vida social como una vía de realización. Hemos dicho que es simpático, amable y comprensivo, y tiende a relacionarse con sus semejantes. La jornada matutina, especialmente si está empleado, se convierte en un mundo de represión donde se ve obligado a llevar una doble vida. Cuando llega la noche se explaya, se relaja y muestra su verdadera personalidad. Opina, corrige, de vez en cuando escucha y, sobre todo, se entrega. El vago sólo se da a los demás cuando está en su elemento, entre los suyos. El resto de las situaciones las vive como una tortuga, metido en su caparazón, aceptando lo que le rodea pero sin participar del proyecto colectivo que, por otra parte, le parece infame.

En ocasiones el vago alterna con un mundo que no es el suyo. En estos casos, pasa por uno de los peores trances de su existencia, pues además de admitir la jornada laboral como inevitable, tiene que aceptar la estupidez ajena como parte de su hábitat natural.

Cómo evitar imbéciles

Uno de los inconvenientes de vivir orientado al ocio, es que se pegan todos los plastas y los imbéciles. Lo más sencillo es despacharles haciendo una breve descripción del concepto que tenemos de ellos –que por una razón desconocida se lo toman como un insulto–, pero hay ocasiones en las que podemos ser sinceros porque lo exige el protocolo o por las consecuencias que se derivarían de nuestra precisa descripción.

A continuación, vamos a exponer una serie de técnicas que resultarán muy útiles para sobrevivir en determinados medios.

El autismo polarizado

Esta técnica consiste en sufrir una ausencia anímica total cada vez que el imbécil en cuestión pregunte, exponga o se dirija a nosotros. La conversación se continúa en el punto en que la habíamos dejado. Se ignora completamente su intervención; es decir, se le somete a un vacío histórico. La indiferencia se manifiesta especialmente cuando nos hace una pregunta y nos quedamos mirándole sin responder nada en absoluto.

Aunque parezca complicada, esta técnica se domina enseguida con un poco de práctica.

El efecto es fulminante. El pesado o imbécil se aleja confuso y no suele aproximarse de nuevo, pues se crea una opinión recíproca de nuestra persona. El resto de los contertulios nos agradecerán el detalle invitándonos a unas copas. El dominio de estas sencillas maniobras nos proporcionará una consideración estimable.

Los estados crepusculares

Algo más compleja de adquirir, esta técnica es muy parecida a la anterior, pero se practica cuando uno se ve rodeado de imbéciles y no se puede escapar. Se trata de sufrir una crisis pre-epiléptica, en la cual dejamos de percibir por los sentidos sin descomponer la figura. A diferencia de la anterior, entramos en nuestra vida interior y nos alejamos de lo que se debate de forma irreversible.

El autor, que es un especialista en esta modalidad, ha llegado a tener tal dominio de la misma que en una ocasión, cuando volvió en sí, se encontró con la agradable sorpresa de que llevaba solo más de una hora y la ambulancia ya estaba en camino; disculpándose, abandonó el escenario con un orgullo del que no se ha repuesto. El inconveniente que presenta esta táctica es que a veces nos toca pagar la fiesta porque los contertulios escaquean sus obligaciones aprovechándose de nuestra inconsciencia.

La lírica sofocante

Debido a la escasa aceptación que tiene la lírica en nuestros días, cuando nos veamos rodeados sin remisión, y si no dominamos las técnicas anteriores, podemos recurrir a la poesía. Transformándonos en rapsodas cuando la ocasión lo requiera, lograremos espectaculares espantadas. Muchos se preguntarán qué ocurre si la afición se acostumbra o si les gustan los recitales de poesía. Yo le garantizo, querido lector, que puede recitar tranquilo, que al término de su interpretación se habrá deshecho de la audiencia; está claro que tendrá que pagarse las copas, pero, a diferencia del caso anterior, sólo pagará las suyas.

Por si anda un poco despistado, le recomiendo un cóctel de Homero con unos insertos de Berceo.

Hacia la descalificación por la cita literaria

Si nos encontramos frente a un pesado que además es un genio creativo, podemos estropearle sus mejores momentos citando autores reales o imaginarios para hundirle. Cuando uno llega en público a conclusiones que otros han llegado hace siglos, lejos de cosechar admiración recibe indiferencia como pago a su ensayo mental. El imbécil nos odiará cada vez que comentemos la procedencia de su pensamiento y optará por cambiar de ambiente. Esta técnica también supone un incremento en la consideración por la erudición que se supone y la osadía manifestada. Una invitación de parte de la audiencia es lo mínimo que cabe esperar si estamos entre caballeros.

Repercusión patológica del trabajo físico

Los riesgos que entraña la actividad física son infinitos. Las enfermedades profesionales tienen tal importancia dentro de la patología, que componen una especialidad de la medicina: la medicina del trabajo.

El capítulo de las enfermedades profesionales, siendo muy importante, lo vamos a obviar por escaparse a los límites de esta obra, reduciendo nuestra descripción a las generalidades que implica todo ejercicio violento reiterado.

Otro tanto habría que decir de los accidentes laborales, que son la principal causa de absentismo, y no la desidia como se empeña en afirmar la autoridad en una clara maniobra por falsear la historia.

Las consecuencias patológicas que vamos a describir son inevitables. No necesitan factores de predisposición.

Los callos

Son unos tumores benignos que aparecen en las zonas donde la piel entra en contacto con un material ajeno al cuerpo, y que ejerce una presión constante sobre dicha zona.

Son un criterio mayor para demostrar que se trabaja.

Las hernias

Son salidas de las vísceras de la cavidad que las contiene por rotura de la pared de dicha cavidad.

Son debidas al esfuerzo. Los vagos no las padecen porque sólo realizan actividades intelectuales y el cráneo es demasiado duro para que el cerebro escape por él.

Las más frecuentes son las abdominales, aunque también pueden ser discales, que son las que se producen por la salida de los discos intervertebrales al «hincar el lomo».

El vago teme a las hernias, de la misma manera que el drogadicto teme el «mono». Constituyen un tema de conversación muy común en el colectivo de los vagos.

El cansancio

Aunque la medicina oficial no lo considera enfermedad –porque su criterio está dictado directamente por el sistema–, es un síntoma evidente de desbarajuste metabólico. En ningún caso como en éste se puede establecer una relación causa-efecto tan directa. El cinismo del poder llega a tal punto, que cuando se ve a un trabajador cansado se le pregunta de inmediato: «¿Qué hiciste ayer?», como si el trabajador no tuviera derecho a gastar parte de su menguada energía en sus ratos libres. Jamás se planteará si el esfuerzo al que está sometido es excesivo.

El cansancio es otro de los males crónicos que aquejan al vago. Lo arrastra durante toda la vida con un temple envidiable. El único tratamiento posible es el reposo y a él se entrega con paciencia y valentía.

El estrés

La maniobra de los últimos tiempos de convertir el trabajo en una competición permanente entre los empleados por alcanzar los récords de producción, ha generado una nueva enfermedad: «el estrés». El agobio que produce el no estar a la altura de las circunstancias porque desde que se ficha a la entrada se encuentra uno en una cucaña imposible de trepar, es la causa de la mayoría de las enfermedades llamadas psicosomáticas –de la que el exponente más frecuente es la úlcera de estómago–, y que consiste en llevar al terreno del cuerpo los padecimientos de la psique.

El único tratamiento posible es cambiar el sistema de producción, es decir, el estrés no tiene solución.

Esta enfermedad no la padecen los vagos, que siempre han tenido un dominio sorprendente sobre sus conexiones neuronales. Las ausencias que sufre el vago mientras está en el puesto de trabajo son la mayor profilaxis contra esta enfermedad. La entrega en cuerpo y alma a la tarea cotidiana, es el factor que lo motiva de una forma más clara.

Desgaste neuronal

Nada es eterno, y tampoco la vida. Nuestra capacidad intelectual va menguando con los años. Las células del cerebro no se reproducen y, por tanto, vamos perdiendo facultades a medida que hacemos uso de ellas.

El desgaste suele conducir a la melancolía, y es el responsable del síndrome de ansiedad de los jubilados, que añoran su puesto de trabajo porque fuera de él no saben defenderse.

UNIFORME LABORAL
OREJERAS, TAPONES DE CERA O SONOTONE CON LAS PILAS ENCIMA DE LA MESA...
GAFAS DE SOLDADOR: OJOS QUE NO VEN CUERPO QUE NO TRABAJA
TERMÓMETRO. EVITA QUE TENGAMOS QUE RESPONDER
BANDA DE LUTO. DA UN TOQUE DE RECOGIMIENTO
GUANTES DE LANA Y "TIRITA" QUE JUSTIFIQUE UN CALLO EN EL DEDO DE ESCRIBIR.
BASTÓN QUE JUSTIFIQUE UN ESGUINCE TONTO O, AÚN MEJOR, UNA LESIÓN DEPORTIVA

La terapia de recuperación que lleva a cabo el vago durante los períodos de vida social, es uno de los mejores tratamientos de rehabilitación. Además, el vago, a través de la actitud que mantiene en su puesto de trabajo, sufre un desgaste menor que el resto de los compañeros, por lo que estará mucho más entero que los que le rodean.

Desgaste sensitivo

Consecuencia del anterior, se achaca a la edad, pero es producto de la utilización excesiva de los sentidos.

La profilaxis más eficaz consiste en el uso de gafas opacas –modelo soldador– para preservar la vista del desgaste, tapones de cera en oídos y nariz, y guantes de lana para evitar la pérdida de tacto y la formación de callos. La utilización de todos ellos a la vez –la maniobra de Tomi, que era un niño que no veía, ni oía, ni hablaba, y sólo sentía cuando jugaba en una máquina de Pinball– suele molestar a los jefes, por lo que se recomienda alternar los métodos. El escaqueo constituye una terapia integral y muy eficaz.

Arritmias

Las arritmias son alteraciones bruscas de la frecuencia cardíaca. Suelen estar motivadas por los manotazos que dan los jefes sobre la mesa cada vez que nos sorprenden durmiendo. El susto provoca taquicardias de consecuencias imprevisibles.

La mejor profilaxis es utilizar los tapones de cera antes de emprender la aventura de la cabezadita. Este sencillo método nos ayuda a conciliar el sueño con rapidez, al tiempo que hace el susto mucho más llevadero y con menor afectación cardíaca. De paso, evitamos escuchar la charla que siempre echa el jefe después de interrumpir nuestro sueño.

Agresiones sexuales en el trabajo

Afectan sobre todo a las mujeres. Las vagas son especialmente propensas a sufrir este tipo de ataques porque a los ojos de estos delincuentes sexuales están más disponibles. No debemos olvidar que la productividad es sagrada y que nadie se atrevería a atacar a una mujer que está produciendo porque el jefe no lo encontraría justificable.

No existe profilaxis para este caso porque el mal reside en los otros. Lo único que se recomienda es la defensa personal con las técnicas que pueden encontrarse en cualquier manual de artes marciales. No es mal método, si se trabaja en una oficina, atrincherarse tras una pila de muebles con la excusa de prevenir los ataques, y una vez aislada practicar terapias de rehabilitación como dormir, reflexionar, levitar, etc.

Podríamos definir miles de consecuencias patológicas que acompañan la actividad laboral, pero creemos que con las que se han descrito es suficiente. El lector habrá comprendido que cuando un vago habla del miedo a las consecuencias físicas de emplearse a fondo en una tarea, sabe de qué habla. Hay que tener en cuenta que todos estos males se presentan a la vez, como una unidad patológica, con lo que podemos deducir que trabajo y muerte son una misma cosa.

La vagancia parece ser un resorte que protege a determinadas personas del padecimiento de estos males. Es un estadio evolutivo superior para proteger al ser humano de la trampa que le tiende el medio.

Patología exclusiva del vago

Comoquiera que las relaciones del vago con su puesto de trabajo son distintas a las de sus compañeros, desarrollan una patología exclusiva en el campo laboral. Es cierto que padecen en mucho menor grado los síndromes anteriores, pero se ven acosados por otros males debidos a su falta de actividad. Vamos a enumerar algunos de los más importantes.

La flaccidez como meta

Las constituciones atléticas parecen más acordes a la realización de trabajos pesados que las demás. Un cuerpo macizo y musculoso incita al que lo ve a proponer trabajos como cargar baúles o enderezar metales. Una presencia física lamentable, acompañada de un gesto de mala actividad gástrica, evita malos pensamientos a los jefes. Estar preparado para determinadas actividades es tentar a la suerte, abrirse las puertas del infierno. El resultado de evitar la ostentación de fuerza, es la flaccidez.

La flaccidez se caracteriza por una atonía muscular. Evita que los músculos se sujeten adecuadamente a los huesos correspondientes, con lo que se deslizan unos sobre otros y van a parar a las regiones apicales. La consecuencia es que se hinchan los tobillos por acumulación muscular y se encoge el cuello y los hombros dando al sujeto una imagen piramidal.

Otra de las consecuencias de la reducción de la masa muscular es que la piel nos queda grande, cayendo en colgajo y dando la impresión de que se viste un chándal cuando se está desnudo. Este deterioro estético es considerado por alguno de los vagos que lo padecen como una virtud, pues aseguran que da un aspecto muy deportivo en las actividades de alcoba.

La flaccidez se consigue con la inactividad. La falta de fuerza –al desaparecer los músculos– es notable, hasta el punto de que algunos individuos son incapaces de sostener el cubierto y les tienen que dar de comer, alcanzando el cenit de su carrera profesional.

Las úlceras por decúbito

Se producen cuando el sujeto permanece tumbado mucho tiempo, como consecuencia del roce de la piel.

Se evitan cambiando de postura periódicamente. Aunque se perturbe el descanso, es una medida necesaria. Estas úlceras constituyen la patología más común del vago.

El ritmo cardíaco

El ritmo cardíaco del vago es más lento porque sus células consumen mucho menos oxígeno que los del sujeto ambiente. La sangre fluye más lentamente y esto hace a los vagos más sensibles a los cambios de temperatura, lo que les impide realizar una actividad física sin un aviso previo de al menos veinticuatro horas. Por otro lado, el hecho de que la circulación en el cerebro sea más lenta, ayuda a que el vago fije mejor las ideas.

El ritmo cardíaco es el responsable de la actitud pausada y de la actividad ralentizada que caracteriza a los vagos. Gran parte de la seguridad que los vagos manifiestan ante su negativa a realizar esfuerzos está respaldada por esta tara cardíaca. El corazón contagia al resto de las vísceras, creándose un círculo ambicioso cuya meta es la catatonia o inactividad absoluta.

La osteoporosis

La osteoporosis se caracteriza por una reabsorción que sufren los huesos durante las inmovilizaciones excesivas. Los huesos adquieren un aspecto esponjoso y aumenta su fragilidad. Como consecuencia, el vago es más susceptible de padecer fracturas que el resto de los mortales. Otra característica es que al reducirse la longitud de los huesos se pierde estatura, que si lo sumamos al efecto chándal de la flaccidez y a la atrofia muscular, la impresión que da la constitución del vago es que le sobran tres o cuatro tallas de piel.

La osteoporosis viene a disminuir las posibilidades laborales del vago por el alto riesgo que implica sobre su integridad física cualquier actividad que para los demás es normal.

El lector que era ajeno a estos datos comprenderá ahora que estaba en un error al considerar «cuento» lo que tenía una base científica y transformará sus críticas en muestras de colaboración desinteresada e incondicional. Es inevitable ser solidario con estas delicadas criaturas.

LA OSTEOPOROSIS

Como ocurría en la patología laboral, debemos tener en cuenta que todos estos males se presentan siempre y a la vez, por lo que no existe hipocondría en el vago sino objetivación de dolencias.

Debido a la exposición del autor, el lector puede llegar a la conclusión de que la vida de un vago es un drama por la cantidad de procesos patológicos que le acosan. Nada más lejos de la realidad. Debemos tener en cuenta la psicología del vago. Estamos ante un ser superior que vive estas situaciones de manera distinta al resto de los seres humanos. Los vagos consideran estos procesos como un logro y están orgullosos de que su desarrollo somático discurra paralelo al intelectual, convirtiéndose en una unidad vital coherente.

El concepto social

Ya hemos comentado en más de una ocasión el concepto que tiene la sociedad del vago, pero no podemos dejar de insistir en ello en el capítulo de las miserias que le rodean.

Una sociedad que premia y estimula la violencia –confundiéndola con el valor–, la competitividad –haciéndola pasar por interés–, la avaricia –llamándola instinto de superación–, la crueldad –llamándola defensa de los intereses–, la usura –llamándola banca–, y por encima de todo, el éxito, sea cual sea el medio utilizado para conseguirlo, es una sociedad incompatible con los elevados principios morales del vago.

El sistema no comprende ni acepta ninguna alternativa a su esquema moral, y siempre que se enfrenta a una actitud que cuestione sus nefastos principios reacciona con la única arma que conoce: LA ENVIDIA.

El vago no podría escapar a esta sinrazón y se ve atacado por todas partes sin una causa que justifique esa animadversión.

La defensa del honor

Una de las consecuencias de estos ataques absurdos que sufren los vagos es que se les exige constantemente que expliquen su actitud. El agresor ataca de forma incomprensible y pide una explicación al agredido. Esta humillación histórica es una de las estupideces con las que tendrá que enfrentarse el vago en defensa de sus ideales a lo largo de su vida. Son muchos los que no han resistido el asedio y se han visto obligados a manifestar públicamente su superioridad como un defecto contaminante. El sistema no puede permitirse el lujo de coexistir con los vagos. Su inseguridad infantil le lleva a plantear un esquema intolerante similar al del maestro que prohíbe a los niños salir del aula para satisfacer sus necesidades fisiológicas con la excusa de que si deja salir a uno todos los demás querrán ir después. Este argumento nos lleva a la conclusión de que el sistema está sustentado por un esquema represivo que nos impide conocer otro mundo porque es mejor y todos querríamos vivir en él. Si tenemos en cuenta que el sistema está basado en la explotación del hombre por el hombre, ¿quién se dejaría explotar si hubiera la posibilidad de elegir? Nadie. Vivimos en una olla a presión, y cualquier punto débil puede convertirse en una válvula por la que escape la fuerza que sujeta este mundo.

El vago resiste el asedio sabiendo que la razón está de su parte o al menos que tiene una razón tan poderosa como la oficial, pero él no necesita inculcársela a los demás por la fuerza.

PONEDME UNA PISTOLA EN EL PECHO
Y RECONOCERÉ QUE TENÉIS RAZÓN

Salvaguardar el secreto

El esquema moral del vago no es exportable ni transmisible, es el resultado de una armonía sistémica que incluye importantes alteraciones metabólicas; por lo tanto, el proselitismo no tiene el menor sentido. Sólo en el caso de que alguien manifieste un interés científico por nuestro esquema de pensamiento, expondremos nuestra singular filosofía.

Los alardes triunfalistas son incompatibles con el temperamento del vago. El vago sabe que él tampoco ha elegido esa forma de vida, se limita a cumplir con su misión histórica. No es amigo de homenajes ni de medallas, y se resiste a sumarse méritos que no le corresponden. Sabe que sólo cultivando la inteligencia sobrevivirá en este medio hostil y a ello se entrega con toda su energía.

Como nada es gratis, el precio que paga el vago por mantenerse fiel a sus principios es que corre menos, salta menos y levanta menos peso que sus intrépidos contemporáneos. El vago acepta estas taras con resignación y se encierra en su mundo.

Nunca veréis a un vago hacer alarde de su falta de capacidad para el trabajo. La discreción es la base del mimetismo que nos convierte en uno más, evitando tener que justificarnos a cada instante.

NO ASPIRÉIS AL RECONOCIMIENTO SOCIAL, UNA BUENA VIDA SERÁ LA MEJOR RECOMPENSA

Lo demás son espejismos. Huid del olimpo de los vanidosos.

Ley de vagos y maleantes: «peligrosidad social»

El sistema no se conforma con descalificar y marginar a los vagos, los persigue. Alguien podría pensar que sufro un síndrome paranoide si no fuera porque existe una ley que en su día se llamó de vagos y maleantes, que suponía la privación de libertad a los sujetos que presentaran resistencia a trabajar. La violación de los derechos más elementales queda patente en el solo enunciado de la ley. Lejos de existir una ley que garantice los derechos de estos indefensos seres, aparece una que los encierra. El autor se siente avergonzado de pertenecer a la misma especie animal que el energúmeno que ideó tamaño atropello. Hoy el nombre de la ley ha cambiado, pero sólo para ampliar el espectro de la canalla con la que clasificar a los vagos.

La guerra la empezaron ellos. El vago se limita a resistir, casi siempre de forma pasiva. Es evidente que un sistema social que, lejos de intentar captarle, aboga por limitar su libertad, no merece el respeto de estos genios altruistas. La constitución física de estos individuos les impide acceder a la violencia de la tarea social, pero además, en ningún caso estarían dispuestos a engordar ese monstruo que, como Saturno, sólo pretende devorar a sus hijos.

La responsabilidad de no estar alienado

Ser un espectador ajeno al drama no es un papel sencillo. La objetividad, la frialdad, la capacidad analítica del que no está implicado puede llegar a convertirse en un conflicto en vez de una ventaja. Si tenemos en cuenta el alto nivel de responsabilidad, la extremada sensibilidad y el inmenso respeto que siente por sus semejantes, comprenderemos que el vago sufre viendo el estado de evolución en el que se encuentran sus compañeros.

Sus congéneres pasan la mayor parte del tiempo bajo una disciplina psíquica que les permite abordar su tarea sin graves repercusiones orgánicas. Una de las ventajas de este mecanismo de defensa es que aísla al alienado y lo protege del medio. El vago se enfrenta al medio a pecho descubierto en el apogeo de su consciencia, y esto le conduce a reflexiones preocupantes. En todo momento controla la situación que le rodea y el peso de la situación histórica que le toca contemplar es excesivo para sus frágiles hombros, que apenas tienen espacio para dedicar a la humanidad unos breves *flashes* de ternura.

BENDITO EL IGNORANTE EN SU FELICIDAD, PORQUE SU CAPACIDAD DE SUFRIMIENTO ESTÁ MENGUADA.

Como apreciará el lector, son muchos los riesgos y las miserias que asolan al vago. No hay rosas sin espinas. Sabiendo que me desviaba de la intención primitiva, he preferido ser sincero y contar la realidad en toda su complejidad. Nunca he pretendido hacer un libro de captación, sino un ensayo reivindicativo para salvar el honor de mi gente.

ALGUNOS CONCEPTOS FILOSÓFICOS

¿Por qué se premia el embrutecimiento?

En una sociedad que está basada en la liberación del trabajo de unos pocos para que organicen la vida de los demás, es de un valor incalculable lo que se ha dado en llamar LA CAPACIDAD LABORAL. Esta capacidad laboral es unas veces espontánea y otras inducida. Como la realización personal a través del trabajo se ve cada día con menor frecuencia, los dueños del planeta han tenido que reforzar los mecanismos de inducción al embrutecimiento que crean el caldo de cultivo adecuado del que surgen masivas vocaciones laborales.

La situación de marginación en la que vive el vago tiende a agravarse en vista del nuevo modelo social. Los sistemas de alienación son cada vez más sofisticados y la colonización del inconsciente está a la orden del día. Asistimos con gran sorpresa a un resurgir de las vocaciones, a un intento desesperado del hombre por ascender en la empresa, a una lucha a muerte por llegar a la renta necesaria para adquirir más y más signos de poder. Asistimos a la exaltación del «materialismo financiero» y a la agonía del «romanticismo horizontal».

El embrutecimiento que caracteriza nuestros días es el resultado de esta ambición desmedida que, dirigida desde la atalaya, produce legiones de incondicionales chavalotes que actúan por impulsos y sin capacidad de reflexión. El embrutecimiento se premia por ser un síntoma evidente de lealtad y sumisión.

¿Es desinteresado el que estimula a los demás a trabajar?

Es curioso que la mayoría de los que afirman que sólo en la autodisciplina y el trabajo está la consecución de las fantasías de los humanos, no hayan dado golpe en su vida.

Resulta bastante sospechoso que los trabajos mejor pagados sean a la vez los menos duros y que todos los que han hecho fortuna de forma misteriosa se empeñen en contar la historia del niño que empezó de botones y acabó de director de la empresa. Este caso del niño que se hizo a sí mismo es puramente accidental e irrepetible, y por eso pasó a la historia. La historia de ese niño, al que conocí de cerca, tenía su pequeño truco, como siempre. El niño, que en principio era un simple botones, en realidad era hijo del director del banco y de una mujer estupenda, que deslumbrada por el capital de su amante decidió sacarle un pequeño interés a su inversión erótica. El interés que obtuvo cuando aquel año se hizo el balance, fue en forma de retoño al 15 por ciento. Aquel director de banco, profundamente emocionado por el milagro de la naturaleza, prometió a la madre de su hijo un puesto de botones para la criatura porque era un caballero, y porque con aquel gesto altruista pretendía silenciar a la bailarina, que dicho sea de paso, era la única mujer a la que había amado de verdad. El trabajo del niño era seguido de cerca por su padre, que admiraba las cualidades laborales de la criatura. Fue ascendiendo hasta convertirse en un ejemplo para la clase trabajadora que sabe desde aquel día que cumpliendo con sus obligaciones y sin dar guerra, se puede llegar a tener tanto dinero como el propio jefe.

Salvando este caso, podemos decir que cuando alguien tiene un empeño obsesivo en que los demás trabajen, se esconde tras ese afán una manía muy extendida entre los hombres de empresa de convertir a sus semejantes en herramientas. Conseguido este propósito, dejan de ser sus semejantes y pueden ser utilizados en beneficio propio. Una vez más estamos ante un caso de egoísmo encubierto por un discurso mesiánico de redención. Es cierto que en el trabajo está la salvación, pero más que de los trabajadores, de los que los dirigen.

El caso del vago es radicalmente distinto. Es cierto que estimula a sus semejantes a trabajar, pero ama a sus colaboradores como a sí mismo, porque sabiendo que el uno no podría vivir sin los otros les considera carne de su carne, cosa que jamás se da en el caso de los hombres de empresa que consideran a sus trabajadores una casta inferior, en tanto son herramientas a su servicio, dando lugar a la división de la sociedad en clases.

Resumiendo, podemos decir que la convivencia con el vago conduce a la «armonía simbiótica de intenciones», mientras que con el hombre de empresa siempre se termina en una «encarnizada lucha de clases».

El éxito de los deportes violentos

El resurgir del deporte está íntimamente relacionado con la inducción al embrutecimiento colectivo. El espíritu competitivo que intentan inculcar en la población para aumentar las cuotas de rendimiento laboral, acaba siendo el rasgo más importante de la personalidad del sujeto ambiente. La competitividad está tan inculcada en el ser humano, que no entiende su vida sin ella. El trabajo se convierte en una lucha permanente en la que hay que aplastar a la competencia para que no acabe con nuestro puesto de trabajo, al compañero para lograr el ascenso, al inmediatamente inferior para que no se suba a la parra, al cliente para que no reclame los derechos que le hemos prometido antes de la compra, en una palabra:

HAY QUE ARRASAR TODO LO QUE TOQUEMOS

Sólo hay que respetar a nuestros superiores, que son los que pueden concedernos el salvoconducto al paraíso. El sistema americano, que tanto éxito tiene entre la estupidez que reina en nuestros días, propone unas listas periódicas en las que los empleados pueden ver el orden que ocupan dentro de la empresa en función de la productividad, las ventas, la fidelidad, la simpatía, etc., y así otorgan los ascensos, nombran empleado del mes y, sobre todo, cuentan a tus compañeros el concepto que la empresa-madre tiene de uno.

Esta competitividad constante y la inseguridad que supone que nuestra vida dependa de que los demás hagan las cosas peor, crea un estado de ansiedad que nos obliga a ejercitarnos en la lucha por la supervivencia durante los ratos libres. Ya no se entiende el ocio sin competición, lo cual ha suscitado un increíble auge del deporte que, como todo el mundo sabe, supone un enorme derroche de energía con el único fin de demostrar a nuestros compañeros y amigos que somos superiores a ellos.

La reflexión no es buena consejera en nuestros días. Cuál es el sentido de la amistad de una persona que se niega en rotundo a empapelarnos el comedor de nuestra casa, pero que se mostrará encantado si le ofrecemos que gaste el triple de energía en un partido de fútbol sólo porque le damos la oportunidad de aplastarnos. El mayor placer que nos ofrece este supermoderno sistema de vida es el de poder humillar a nuestros amigos. Aprender a encajar la derrota es un ejercicio de autodestrucción que conduce irremisiblemente a la locura. Únicamente en la victoria está la consideración social. Lo importante nunca ha sido participar, y menos ahora.

Cada chándal es una camisa de fuerza en potencia y una coraza contra la amistad y el cariño desinteresado. A no ser que se trate de individuos superactivos, los deportistas, en general, no son buenos colaboradores. Toda la fuerza, toda la energía acumulada en horas y horas de autodisciplina espartana se reduce a un ensayo hedonista imposible de compartir. El deportista medio siempre preferirá lanzar pesas, en mitad de una era, antes que cargar baúles para un amigo que le brinda su sincero afecto. El egoísmo al que nos conduce este esquema de pensamiento tendrá consecuencias imprevisibles.

Los vagos no son amigos de las competiciones violentas, aunque les sorprende la energía que derrochan los contendientes. En general, dejan de jugar a la pelota cuando son niños y si en alguna ocasión les da por imitar a sus semejantes, siempre quieren jugar todos en el mismo equipo para no herir la sensibilidad de sus compañeros. Intentar demostrar por la fuerza la superioridad frente a un amigo es de mal gusto. Él siempre huirá de los alardes vanidosos gratuitos.

La armonía del cosmos frente a la necesidad de estímulos estresantes

El cosmos siempre ha tenido el buen gusto de no mostrar su drama. Salvo que uno profundice en estudios superiores y de difícil comprensión, el cosmos aparece ante nuestros ojos como un ejemplo de armonía, como la culminación de un equilibrio perfecto. Es ese equilibrio el que le confiere el carácter de eterno.

El hombre se empeña en vivir de espaldas a este ejemplo y se encuentra en perpetua ebullición sin un fin concreto y destruyendo todo lo que encuentra a su paso. Este ejercicio que parece irreversible le produce una sensación de poder insustituible. Como ser inseguro e inferior, el hombre moderno hace del ejercicio del poder un vicio. Se arrastra por un cargo, se humilla por un ascenso, traiciona a sus compañeros por un sillón, siendo consciente en todo momento de lo que hace. Este vicio tan feo le obliga a buscar una justificación para cada paso que da, hasta que, cansado de sentirse un miserable, decide renunciar a considerar sus actos y se aliena a través de la acción constante. Convierte su vida en una montaña rusa permanente en la que pierde la iniciativa y se limita a reaccionar ante la tormenta de estímulos. Sólo hay una cosa que no puede resistir: la calma, la quietud, la paz, la serenidad.

Cuando el hombre moderno se relaja, la presión atmosférica le oprime el pecho y la conciencia le acorrala.

SUJETO AMBIENTE SUFRIENDO UNA CRISIS AL ENCONTRARSE CON DOS MINUTOS DE INACTIVIDAD ENTRE EL SQUASH DE LAS 16,15 Y LA REUNIÓN DE LAS 16,38.

Necesita estar en constante actividad o someterse al influjo de todo tipo de estímulos o estimulantes sensoriales. Huye despavorido de la posibilidad de ser feliz.

Aprender es una encerrona

Apreciar el trabajo de los demás es un ejercicio de respeto. Pretender saber cómo se hace todo lo que nos rodea, en qué consiste el trabajo de nuestros vecinos, es una manía muy extendida en nuestros días. Es cierto que el saber no ocupa lugar, pero hay que tener mucho cuidado con lo que aprendemos porque podemos caer en una trampa. Sin querer, estamos dando a los demás la posibilidad de utilizarnos. A veces, por demostrar inquietudes intelectuales, nos convertimos en blanco de los objetivos laborales de terceros.

En vista del peligro que supone aprender por aprender, y dado lo extenso del catálogo cultural al que podemos recurrir en nuestros días, hay que seleccionar muy bien lo que se estudia para que el saber nos haga un poco más libres, y no cautivos de nuestro conocimiento.

La especialización: un viaje sin retorno

El sistema ha inventado una artimaña para que el personal entienda cada vez menos lo que le rodea. Con la excusa de que cada día se acumula mayor cantidad de conocimiento, la propuesta oficial es restringir la información del estudiante todo lo que sea posible y dotarle de una capacidad increíble para hacer una sola cosa, al tiempo que le incapacita para todo lo demás. Así, se da la paradoja de que hoy se toma por sabios a auténticos necios de salón, que son capaces de recitar cientos de datos, pero que tienen serios desajustes neurológicos a la hora de cruzar un semáforo.

La especialización conduce a la intransigencia, pues la esencia de ese esquema de pensamiento está basado en la incomprensión de todo lo que nos es ajeno. El sistema de especialización conduce a la incomprensión y la intolerancia. En una palabra, a la represión de lo diferente.

El sistema parece haber adoptado esta vía como la más productiva, y con ello ha condenado a los vagos a la marginación. La dispersión intelectual, el acceso a «todo» lo que nos rodea es un privilegio de los seres superiores.

El vago se proclama un antiespecialista militante y disfruta de un reconocimiento social desmesurado entre los suyos por ser «potencialmente» versátil. Aunque no llega a demostrar sus habilidades, es capaz de abordar cualquier tema con la seguridad de que los que le rodean no entienden nada de lo que escuchan, lo que le permite un ilimitado campo de acción.

La docencia: un arma peligrosa

En la actualidad no se puede elegir al maestro. Cualquiera puede ser nuestro instructor, y cualquiera puede ser instructor. No se necesita carisma ni atractivo. Los alumnos no se acercan al maestro porque tengan fe en él y deseen llegar a su nivel de conocimiento. Lejos de ello, en muchos casos, el maestro es el ser más odiado por los alumnos.

Los profesores de nuestros días son meros transmisores de conocimientos ajenos que en muchos casos no llegan a comprender. Existe un ministerio que les marca los datos que deben exigir al alumnado y las pautas generales de comportamiento social en las que deben instruirle.

Algunos infantes, de forma instintiva, reaccionan contra este primer intento de doma impuesto por el sistema a través de la familia, y se disipan en presencia de estos falsos gurús que sólo pretenden ganarse honradamente la vida con su trabajo de maestro. Estos niños, que respetan la labor del profesorado en tanto profesión pero que se niegan a participar en la histeria colectiva que supone una transmisión de datos sin criterio ni objetivo, son el blanco de las iras de la autoridad docente. Uno puede ser tonto, pero aplicado. Si se castiga al poder con la indiferencia se le hace daño donde más le duele. Se cuestiona su arrogancia con lo que ellos califican de «falta de interés» y sale a relucir una de las características que según hemos visto a lo largo de todo el libro es una constante en el sujeto ambiente: «la inseguridad».

El niño privilegiado empieza a escuchar un término que es pronunciado en sentido peyorativo con la intención de insultarle, pero que él acepta de buen grado: «VAGO».

La intención de doma, por encima de la formativa, queda clara en la propia dinámica de la enseñanza. Se valoran más la puntualidad, la conducta y la sumisión que la inteligencia.

Lógicamente, el vago se aleja del sistema educativo ya que no entiende por qué debe someter su vida a una tortura disciplinaria tal, cuando es evidente que no le compensa lo que recibe a cambio de tamaño esfuerzo.

Si partimos de la premisa de que a la criatura no le interesa lo más mínimo lo que se debate en las escuelas: ¿Por qué llegar a tiempo, pudiendo llegar tarde? ¿Por qué prestar atención, pudiendo especular con la mente? ¿Por qué guardar silencio ante la provocación del mundo exterior?

El vago somete a sus educadores al látigo de la indiferencia y encuentra en su refugio interior la alternativa a la doma escolar.

El sujeto ambiente, a falta de algo mejor que hacer, se somete a las disciplinas escolares, y se convierte en carne de cañón para el sistema, que le ha preparado para aceptar lo que venga no sólo con resignación, sino también con garra y pundonor. El vago hace de estos sujetos, con mucho cariño, inestimables colaboradores.

¿Salir de aquí? Ya se irán ellos

El vago tiene conciencia de eternidad y viendo la velocidad a la que discurre el mundo, decide detener su tiempo. El vago no necesita «estar al día» para simular una felicidad histérica y pueril.

Ante el rechazo que siente por parte de los que le rodean no huye, simplemente aminora la marcha. El vago ha visto nacer y morir muchas modas y ha sobrevivido a todas ellas. Ve al personal ambiente como si fuera ganado trashumante que circula de un lado a otro en busca del alimento espiritual que no encuentra en sus precarios cerebros. El vago permanece en su hamaca pletórico y sereno. DICHOSOS LOS LLAMADOS A ESTA CENA.

Todo se derrumba. Conmigo no contéis en la reconstrucción

Vivimos en un mundo en crisis permanente. Las guerras se suceden unas a otras, la naturaleza desaparece a una velocidad inusitada, el hambre se extiende como una plaga, el desierto avanza de forma inexorable, pero detrás del jardín todo es paz y armonía. Una de las grandes ventajas del sistema capitalista es la diversificación de responsabilidades. A diferencia de la tiranía donde se actúa con total impunidad desde un poder central, en nuestro sistema las manos son invisibles y esto permite un campo de acción infinito.

Todos, de una manera u otra, tienen algo de culpa. Unos por formar parte del engranaje, otros por inhibición o ignorancia. El vago es plenamente consciente de todos los atropellos que se cometen, critica la situación de injusticia a la que está sometida la humanidad, cuestiona la propia esencia del sistema y acepta la marginación como un signo de pureza. Con la conciencia tranquila y el riesgo de parecer insolidario (uno de los trucos que emplean siempre los que mandan, cuando ordenan algo absurdo, es enfrentar a los que obedecen con los que permanecen al margen de la orden, con lo cual se ahorran el trabajo de supervisión al tiempo que anulan la capacidad de elegir, o sea, la libertad) el vago hace poco caso de las situaciones de emergencia, hace tiempo que perdió el espíritu gregario que tanto anima al sujeto ambiente y que le hace entrar en una euforia incomprensible en cuanto se ve formando parte de un equipo. Viendo cómo las masas son llevadas una y otra vez a estrellarse de cabeza contra el muro, el vago sufre por la proximidad de especies pero se niega a participar en estos ciclos de falsa construcción e inminente desmoronamiento a los que nos tienen acostumbrados.

El vago no es un ser egoísta como podría parecer en un análisis superficial. Su solidaridad se manifiesta en forma de profecía cuando insiste en inculcar al sujeto ambiente el espíritu de libertad que con tanta facilidad se abandona en cuanto un líder demenciado llama a la unidad.

El derecho a la pereza

El derecho a la pereza es el título de una obra capital en la historia de las letras. Su autor es Paul Lafargue, yerno de Marx. Este odiaba a Lafargue desde el día en que tuvo la osadía de pedir la mano de su hija. (Según cuenta el propio Lafargue, el señor Marx no estaba dispuesto a entregar su criatura a un simple currante, pero Lafargue, que era marxista, le montó el pollo a su futuro suegro aplicándole su propia teoría.)

En este ensayo se habla de la posibilidad de crear un mundo donde la jornada laboral se reduciría progresivamente puesto que con la llegada de las máquinas los trabajadores iban a multiplicar su capacidad de producción. El mismo trabajador pasó de hacer una alfombra a la semana a hacer cien por el mismo sueldo. No se redujo la jornada. Lafargue afirmaba, y yo le apoyo de forma incondicional, que un mundo mejor implica, necesariamente, trabajar lo imprescindible y hacernos dueños de nuestro tiempo. La voluntad de los que dirigen nuestro destino no va por ahí. El bienestar significa consumir de forma irracional. En una palabra:

DEVOLVER EL SUELDO INMEDIATAMENTE A QUIEN TE LO HA PAGADO

Si el sujeto ambiente se apodera de su tiempo y se hace dueño de su vida pierde la doma, como los caballos cuando no se les monta. Cuando uno rompe con el miedo a las burbujas de tiempo y no teme enfrentarse al silencio y la inactividad, comienza a pensar por su cuenta. No se acerca a la verdad ni a la razón, simplemente se plantea formas de vida alternativas y comprende lo que antes no comprendía. Deja de escuchar las justificaciones a que nos tienen acostumbrados para que todo siga de la misma manera, y pierde marcialidad en el paso. Lee periódicos atrasados con la misma intención que si fueran del día, porque lo importante deja de ser la sorpresa de la noticia. No tiene el menor interés poder opinar en la barra. Todos van a cantar la misma canción aunque en distinto tono, y si alguien se descuelga con una opinión propia que no tiene referencia en el editorial del diario o en las noticias de la televisión, se convierte en un tonto o en un loco.

Para evitar todo este lío, no le dejan a uno tiempo ni para leer un sobre. A través de los *rankings* de competitividad, a través de la superespecialización, las empresas dejan de tener horarios y los ejecutivos intentan paliar su ansiedad hablando de «**sus cosas**» en los ratos libres.

Es imposible hablar con un buen profesional de algo que no tenga que ver con su trabajo. No sólo está mermado de facultades, sino que deja de interesarle lo que sucede a su alrededor por un lógico mecanismo de defensa. Sólo en la alienación encuentra el sosiego. Viaja

VAGO EN FASE TERMINAL ALCANZANDO EL CENIT DE SU CARRERA LABORAL

en una cápsula a velocidad astronómica cuyo destino desconoce. El viaje se convierte en su meta y eso explica que hasta los que se supone que han alcanzado el éxito se encuentran en un recorrido infinito.

Harto de ver pasar meteoritos, el vago no se deslumbra con su estela. Lejos de seguir su hipnótico rastro, continúa con su afable charla o ensimismado en la comprensión de fenómenos triviales en cuanto se difumina su destello. El vago sabe que sólo en la capacidad de pensar reside la eternidad del hombre. Saltar a la corriente de los que actúan por impulsos reflejos según un instinto colectivo que se llama «cultura», no entra dentro de sus planes. Como es dueño de su tiempo, lo administra con criterio.

¿Adónde vamos?

Yo, desde luego, no voy a ninguna parte: Unos están muy lejos y otros me pillan a desmano. Si lo que preguntamos es a qué conduce todo este jaleo, la respuesta es que no conduce a nada. Uno se embarca o no en la cápsula a la que me refería antes. La mayoría vive el destello por temor a quedarse sin nada. En realidad, nadie se embarca de forma voluntaria, simplemente les han negado la capacidad de entender lo que les rodea y de disfrutar con las cosas sin apoderarse de ellas. El único gozo posible está en la posesión, pero para poseer hay que pagar un precio y ese precio es, precisamente, el viaje sin retorno.

LA VIVIENDA

La residencia

El vago pasa la mayor parte del tiempo en casa, por lo que procurará que la vivienda no le suponga un I.T.A. (Incremento de Trabajo Accesorio).

El problema de la vivienda es completamente distinto dependiendo de que el vago/a sea soltero o casado.

En el caso de que el vago sea casado, las decisiones de esta índole las tomará el otro, pues el vago se casa con un colaborador/a para que le retire del medio laboral, o no se casa. Una vez contraído el matrimonio, deja de preocuparse de este tipo de cuestiones mundanas. Vamos a ocuparnos del soltero, que es el que tiene que tomar iniciativas.

La mayoría de los vagos eligen como vivienda un hotel, un hostal o una pensión, dependiendo del nivel de renta.

Al margen de la cantidad de ingresos, yo recomiendo siempre la pensión. El régimen de patrona tiene muchas ventajas para el soltero varón. El hotel es mucho más aséptico, despersonalizado y frío; las funciones están muy repartidas, y para sacar provecho del servicio hay que relacionarse con demasiada gente, lo que dificulta la captación de colaboradores.

AL ELEGIR LA PENSIÓN, EL VAGO SIEMPRE PROCURA QUE LA PATRONA ESTÉ TODAVÍA EN EDAD DE MERECER Y QUE SEA VIUDA

Las buenas dotes del vago para las relaciones sociales, su capacidad de convicción, y su facilidad para mostrarse frágil y desprotegido, resaltarán los instintos maternales de la patrona que enseguida empezará a mostrar su debilidad por el nuevo inquilino ante el estupor del resto de los huéspedes, que verán disminuidas sus atenciones y su ración en favor del vago.

Con una buena puesta en escena se ganará el favor no sólo de la patrona, sino también del resto de la parroquia, lo que evitará incidentes desagradables. Los inquilinos aceptarán de buen grado la nueva jerarquía, que en vez de suscitar rencor promoverá la armonía y el afán de congraciarse con el indiscutible dueño de la estancia.

Hemos hablado de la falta de prejuicios y de la caballerosidad del vago, por lo que no le supondrá el más mínimo esfuerzo pasarse alguna que otra noche por la habitación de la patrona, con lo que se ahorrará el pago mensual. Esta relación debe dosificarse al máximo para no caer en la condición de amante, que automáticamente elevaría al parásito inquilino a la categoría de «SEÑOR» de la casa, lo que implica responsabilidad y, por lo tanto, trabajo. La restricción pasional tiene además la ventaja de mantener a la señora en perpetuo estado de ansiedad, que se manifiesta por un espasmo al menor roce. Esta energía debe ser descargada para no alterar el sistema nervioso de la señora, y el vago apro-

2 COLABORADORES APORTANDO SU GRANITO de ARENA en el TRASLADO de muebles
el vago
los amigos
el sillón
Nota del dibujante
No he tenido tiempo de acabar el dibujo. perdón.

vechará la tesitura para aplicarle una terapia de redención por el trabajo, y en vez de hacerle el amor le dará camisas que planchar, ropa que coser, etc.

Hemos visto de qué manera tan sencilla soluciona el vago el problema de la vivienda; al tiempo que va hecho un dandi, provoca la envidia de ellos y el deseo de ellas.

En cuanto a la mujer vaga, poco hay que aconsejar porque hará lo que le dé la gana cuando le dé la gana. A diferencia de la mujer que lucha por promocionarse en el orden social y demuestra ser una profesional competente, la vaga, al vivir en una sociedad machista, practicará la inhibición laboral por derecho, sin coartadas, con firmeza.

En otros casos, el vago prefiere vivir en su piso. Descontando que el nivel de la renta le permita tener servidumbre, habrá de considerar una serie de condiciones a la hora de elegir la vivienda.

1) El piso debe estar lo más bajo posible. Siempre hay que pensar en la posibilidad de que algún día pueda estropearse el ascensor. Si vivimos a una altura considerable tendríamos que dormir en un hotel con lo puesto, lo que supone un inconveniente innecesario.

También hay que plantearse, en vista de la nueva ley de alquileres, la posibilidad de que tengamos que mudarnos periódicamente. Pensando en los colaboradores y amigos, que van a ser los que se ocupen de cargar con los bultos, la vivienda baja siempre será la mejor elección.

Además hay que tener en cuenta los múltiples accidentes que pueden sobrevenir en cualquier momento, como terremotos, incendios, inundaciones, defenestración, etcétera.

2) Evitar las escaleras interiores. Esta moda del dúplex, que no es sino un intento de jugar a las mansiones, ofrece todos los inconvenientes posibles. Al final, acabamos llevando todo lo que necesitamos a la planta inferior para no estar todo el día subiendo y bajando, y la parte superior de la vivienda termina siendo pasto de las telarañas, ratas y, en no pocos casos, de personas desconocidas.

El planteamiento de un sistema de vida vertical contradice la propia esencia del vago, cuya filosofía está basada en la horizontalidad.

También podríamos hablar en este apartado de los múltiples accidentes que conlleva un ejercicio tan violento y arriesgado como subir una escalera. Cuando se alquila un dúplex, te entregan con las llaves un esguince de tobillo.

3) Distribución de las habitaciones. Hay que evitar que la acumulación de restos inorgánicos y mobiliario accesorio nos impida salir a la calle. Empezaremos habitando la estancia más profunda de la vivienda e iremos desplazándonos hacia la puerta a medida que la casa se llene de objetos y bultos imprecisos, hasta que los colaboradores nos hagan una limpieza general y recuperemos las habitaciones del fondo. Con esta sencilla estrategia conseguiremos que el desorden nos saque de la casa en vez de enterrarnos.

A tenor de lo expuesto, la distribución ideal sería aquella en que la cocina y el cuarto de baño estén junto a la salida, para no descuidar funciones vitales como ingerir y evacuar.

En cuanto a la manía de la gente de tener un despacho en casa (en un claro afán de demostrar a la visita que el propietario del piso sabe leer y escribir), sólo podemos decir que implica un mal gusto y una falta de imaginación asombrosas. La idea de crear un puesto de trabajo dentro de la propia casa es regresiva y antinatural. ¿Por qué no una fragua o un taller de chapa y pintura?

El mobiliario

Dada la natural tendencia del ser humano a la horizontalidad y la poca resistencia que el vago ofrece a los impulsos naturales, el mobiliario debe estar a ras del suelo. Por supuesto, habremos tenido en cuenta que el suelo de la vivienda no impida reptar. La residencia del vago es la antítesis de la bipedestación. Se evitarán las sillas, que serán sustituidas por enormes cojines. Las mesas tendrán unas patas muy cortas y, salvo rincones específicos, el resto de la casa estará vacío. La acumulación de objetos, ornamentos, recuerdos de viajes, trofeos, etc., no hace sino disminuir el espacio vital y favorecer la acumulación de polvo y detritus. En general, la estancia tendrá un aspecto oriental y confortable.

No cabe duda que estar tumbado junto a una visita agradable favorece la comunicación. Por el contrario, habrá invitados/as que se quedarán un tanto sorprendidos y no sabrán cómo comportarse, momento que se puede aprovechar para incitar a las visitas a limpiar un poco la casa y lograr así que se sientan como en la suya propia.

El dormitorio, lugar preferente en toda casa de categoría, estará ocupado en su totalidad por un inmenso colchón que permita las más complejas prácticas eróticas y oníricas.

La biblioteca

Los vagos leen libros para no tener que forzar la mente cuando alternan con los amigos y poder contar historias leídas, como propias. Durante la lectura es conveniente ayudarse con una lupa para no gastar la vista en un esfuerzo innecesario.

Lo más importante de un libro es que no pese. De poco nos sirve que su lectura sea muy edificante, si lo que ganamos en el terreno de lo cultural lo perdemos en salud. Aunque a simple vista no parezca grave, sostener un libro en la misma posición durante un período de tiempo más o menos largo, supone un ejercicio de desgaste sujeto a complicaciones óseas y musculares. Los curas, que saben mucho de este tema, inventaron el papel biblia, que prácticamente carece de densidad.

Otra propiedad fundamental de un libro es que las esquinas de las tapas sean romas o de un material blando. Los libros de encuadernación lujosa están concebidos como pieza ornamental, no deben leerse. El peligro que se corre en este caso es que al sobrevenir las acometidas de sueño que asaltan a los pocos minutos de iniciar la lectura, el vago puede dañarse por el impacto del libro contra el pecho, siendo tan grave el efecto punzante, como el daño psicológico que produce el sobresalto cuando se está entrando en la primera fase del sueño.

En general, no conviene acumular libros en la estancia. Salvo algunos volúmenes imprescindibles, como este que tienes en las manos, lo propio es regalar los libros una vez leídos y en algún caso incluso antes de leerlos.

Una casa despejada donde poder proyectar la vista sin que ésta sea interrumpida por una multitud de objetos innecesarios, facilita el descanso y amplía la capacidad de evocación. La obsesión por la acumulación está ligada al instinto de poder, al deseo de responsabilidad y, como consecuencia, al complejo de empleado, principio del síndrome consumista y de la carrera hacia la alienación y el sometimiento.

VIVIENDA DIÁFANA, VIVIENDA DE HOMBRE LIBRE

CONCLUSIONES

No lo olvides: uno es lo que hace

La mayoría de los seres humanos no está contenta con su situación. Como mecanismo de supervivencia, el sujeto ambiente elabora un álter ego en su imaginación que corresponde a la idea que el sujeto tiene de sí. En la esperanza de que un golpe de fortuna le convertirá en el que le gustaría ser, se abandona a su suerte perdiendo la partida antes de empezar a jugarla. Así, en su imaginación, su situación real se convierte en transitoria y la imaginaria en definitiva. Esta es la razón por la cual cada uno tiene de sí una opinión mucho más elevada que la que tienen los demás.

> LOS QUE NOS RODEAN NOS CONSIDERAN POR LO QUE SOMOS MIENTRAS NOS COTIZAMOS POR LO QUE PODRÍAMOS SER

La solución a nuestros problemas empieza y termina en uno mismo. Las soluciones colectivas son lentas y mientras llegan se agota nuestro tiempo. Debemos empezar a vivir como ese que nos gustaría ser, sin esperar tiempos mejores. Los tiempos mejores llegarán cuando empecemos a ser el que nos gustaría. Cuando uno lleva trabajando de cartero veinte años, ya no es un buzo, por más que se empeñe. Es un cartero con aficiones.

El vago vive su revolución personal sin esperar a que la autoridad competente legalice su situación. Vive de acuerdo a sus principios morales, de espaldas a los demás, pero de cara a sí mismo. No necesita hacer realidad sus sueños porque, en realidad, vive cuando sueña y sueña en los estados de vigilia.

> SOMOS LO QUE HACEMOS,
> NO LO QUE DECIMOS

El parasitismo no traumático. Simbiosis afectiva

La sociedad considera a los vagos parásitos porque no rinden beneficio alguno. A estas alturas no es de extrañar este concepto, pues un sistema como el nuestro difícilmente será capaz de cotizar el amor.

Sin embargo, la opinión del autor es muy distinta. El simple hecho de que el vago sea capaz de que los que le rodean trabajen para él estando orgullosos de hacerlo, significa que es un genio.

Con amor y cariño desinteresado, gana el afecto de los que le rodean, que se convierten en colaboradores incondicionales. Cuanto más se entrega el colaborador, más amor recibe por parte del vago, creándose una espiral de afecto infinita. El amor del vago hacia sus colaboradores es sincero. Si tenemos en cuenta la importancia que tiene para muchas personas sentirse queridas en una sociedad tan deshumanizada como la nuestra, dejaremos de hablar de explotación y, como consecuencia, de parasitismo. El vago paga con creces el trabajo que recibe, con el amor que entrega. Nadie es responsable de que los estamentos oficiales valoren más un ejercicio muscular que un éxtasis espiritual.

Vamos a transcribir una conversación cotidiana entre un vago y un colaborador:

UNO: –Te aprecio mucho.

OTRO: –¿Puedo hacer algo por ti?

UNO: –Pues ahora que lo dices, podrías lijar los rodapiés, recoger un poco todo esto, y si te sobra tiempo, y eres tan amable, subir unos paquetes que he dejado en la portería.

OTRO: –¿Nada más?

UNO: –De momento no, gracias.

OTRO: –Lo haré con mucho gusto porque estoy orgulloso de ser amigo tuyo.

UNO: –Yo también, Carlos, yo también.

O entre un vago y una colaboradora:

UNO: –Es impresionante lo bien que haces todo.

OTRA: –Por ti. Sólo por ti. ¿Quieres algo más?

UNO: –Nada más, muchas gracias.

OTRA: –Es curioso que después de tanto tiempo no me hayas pedido que me acueste contigo. Eso demuestra que tu amistad es desinteresada. Eres un auténtico ser humano.

UNO: –Si he de ser sincero, debo confesar que me he reprimido tantas veces... Por cierto, esto está a medio hacer...

OTRA: –¿Esto también? No sabía que debía hacerlo...

UNO: –Pues nada, menos charla. Lo primero es lo primero.

OTRA: –Perdóname. Enseguida estará listo...

UNO: –Bueno, no te preocupes, un fallo lo tiene cualquiera...

OTRA: –Gracias, me esmeraré todo lo que pueda...

Hasta el lector menos sensible se daría cuenta de que estamos ante un caso de simbiosis afectiva de supervivencia. Es el triunfo del amor frente a los dogmas materialistas.

Ganarse el afecto de los demás sin estar armado, ese es el gran misterio.

Los títulos nobiliarios: una coartada perfecta

Los nobles y los vagos pertenecen a la misma casta, la única diferencia estriba en que a los primeros les otorga el título el rey o el papa, y al tiempo que quedan exentos de obligaciones laborales, ascienden en el escalafón social; mientras que a los segundos se lo otorgan los que le rodean y su consideración baja hasta el último peldaño.

El título nobiliario es hereditario, es decir, se obtiene «SIN» hacer nada; el de vago se obtiene «POR» no hacer nada. No vamos a discutir por una preposición. Todo el mundo sabe que los títulos nobiliarios se conceden a personas que no van a trabajar en su vida, para que su ejemplo no cunda entre la población de a pie. Con este gesto real se les aparta de la población civil que sin más explicaciones acepta de buen grado esta

este libro es
una maravilla
Paso de seguir
perdiendo el tiempo

el dibujante

bula laboral. Cualquiera es capaz de entender esta sencilla y didáctica plática:

UNO: –¿Y ése por qué no trabaja?
OTRO: –Porque es marqués.
UNO: –Ah, bueno.

Muchos pensarán que los títulos nobiliarios, por ser hereditarios, pudieran recaer en personas laboriosas y que es muy arriesgado hacer sinónimos vago y noble. El autor asegura a los escépticos que nada es tan fácil de inculcar a una criatura como la aversión al trabajo. Una buena exposición de los inconvenientes de la actividad laboral será suficiente para que el retoño no la olvide en su vida y siga los principios que han guiado a su familia.

Si buena es la condición del vago, aún es mejor la del noble. La condición de noble es una coartada que se acepta en todos los estamentos sociales y jurídicos, es la apoteosis oficial de la vagancia.

La historia nos dará la razón

Querido lector: si usted pertenece al grupo privilegiado al que está dedicado este libro, no debe afligirse por los constantes ataques de los que es objeto por parte de los que no saben defenderse del entorno laboral. Repase la historia y verá que está llena de nombres cuya característica principal es que se salían de la norma. Estudie la biografía de cualquier personaje histórico y verá no sólo que era rechazado por sus contemporáneos, sino también que obró en todo momento contra lo que le ordenaban la moral, las buenas costumbres y la supuesta sabiduría oficial.

Abandonados a nuestro destino, saquemos fuerzas de flaqueza y resistamos los esfuerzos de nuestros envidiosos contemporáneos por redimirnos a través del trabajo. Si transigimos por agotamiento, tal vez cumplamos con nuestro cometido terrenal inmediato, pero traicionaremos nuestra misión eterna.

LA HISTORIA NOS ESPERA,
NO LE DEMOS LA ESPALDA

EPÍLOGO

Si usted ha llegado hasta esta página, demuestra una veneración hacia mi persona que me emociona sobremanera. Muchas gracias por esa dosis de fe. Si por el contrario ha empezado a leer el libro por el final para ver cómo termina y ahorrarse así el resto de la lectura, le diré que no está en el peor de los casos, pero que esto no es una novela de misterio sino un ensayo filosófico, por lo que no se va a enterar de nada.

Debemos despedirnos, querido lector. Nuestro viaje común ha llegado a su destino. Usted debe continuar su camino en solitario y yo debo continuar con mi siesta.

Lamento que la reiteración sea lo más destacado del libro, pero el lector debe saber, tal y como anunciaba al comienzo, que se trata de un ensayo de reivindicación de una figura social y, por tanto, existen una serie de puntos capitales sobre los que se sustenta la tesis del autor, no quedando más remedio que volver una y otra vez sobre ellos para intentar fijar los conceptos esenciales que definen la obra.

No me movió la intención, al comenzar este libro, sino una arriesgada lucha contra los que pretenden que a través de su disciplina se entra en el mundo de los justos, y que fuera de ella el personal se achicharra en las tinieblas de la decadencia.

No aspira el autor a que la recepción de la obra sea favorable en todos los casos, pues sólo a unos cuantos privilegiados está dedicada. A los demás, sírvales como purgante, para estimular su sentido crítico. A la inmensa mayoría, supongo, les servirá de somnífero, por lo que podrán conservarlo como libro de cabecera para las noches en que el sueño no acude a nuestra llamada. En todos los casos, el autor se sentirá satisfecho, pues no pretende condicionar la reacción del lector frente a la obra. Sólo pretende que pase por caja y abone lo que se le indique.

¡Ojalá todos alcancemos el grado de ausencia que este libro propone!

DESCANSAD SIEMPRE QUE PODÁIS.

Diseño: Emil Tröger e Ismael Rodríguez
Ilustración: Luis Miguel Doyanes
Foto de solapa: Willy Meneses

Círculo de Lectores, S.A. (Sociedad Unipersonal)
Travessera de Gràcia, 47-49, 08021 Barcelona
www.circulolectores.com
3 5 7 9 8 9 1 2 8 6 4 2

Licencia editorial para Círculo de Lectores
por cortesía de Ediciones Temas de Hoy, S. A.

Depósito legal: M. 41789-1998
Fotocomposición: punt groc & associats, s.a., Barcelona
Impresión y encuadernación: Mateu Cromo Artes Gráficas, S.A.
Ctra. Fuenlabrada, s/n. Pinto (Madrid)
Madrid, 1998. Impreso en España
ISBN 84-226-7455-6
N.° 36228